Le débat public :
une réforme dans l'État

Sous la direction de

Serge Vallemont

Le débat public : une réforme dans l'État

L.G.D.J

31, rue Falguière, 75741 Paris Cedex 15
ISBN : 2-275-02019-5
ISSN : 0987-9927

SOMMAIRE

AVANT-PROPOS

*Serge Vallemont **

L'évolution de la société, comme celle de l'opinion publique, conjuguées avec la crise du système représentatif, ont conduit les décideurs publics à multiplier depuis une dizaine d'années des initiatives visant à introduire une phase de débat public en amont de leurs grandes décisions. Les expériences menées en la matière ont toutes pour objectif principal de combler un déficit de légitimité du fonctionnement institutionnel et politique classique et, ce faisant, s'inscrivent dans un véritable processus de modernisation de l'action publique.

Les procédures de débat public se développent dans beaucoup de pays. La France a sans doute quant à elle un rapport particulier à l'intérêt général, qui a conduit son administration à adopter des méthodes de consultation et de concertation destinées, sur la base d'une expertise unique, à étayer la position de l'État. Or, la tradition démocratique ne suppose pas *a priori* qu'il y ait, en matière d'intérêt général concernant n'importe quelle question déterminée, une seule vérité dont on s'approcherait asymptotiquement par des efforts persévérants, et dont l'État serait, à l'origine et avant tout débat, nécessairement le plus proche. En réalité, l'intérêt général est *arrêté* par décision publique, après que tous ont pu réfléchir et se sont exprimés : sa fabrication est un processus qui s'achève par un compromis entre des vues et des thèses distinctes, voire parfois opposées.

Confrontés à cette exigence qui est celle d'une démocratie participative, les responsables se doivent de mieux faire connaître et soumettre à la discussion les fondements de leur action, et d'agir avec plus de transparence. Les procédures classiques de consultation auxquelles l'administration était habituée, que ce soit sur des projets déjà

* Président de l'association *Services Publics.*

largement finalisés ou à l'occasion d'expertises sur des sujets plus ouverts mais dont celle-ci conserverait par-devers elle toutes les clés, ne sont plus suffisamment légitimes ni acceptées par les citoyens et les acteurs concernés, qui entendent aujourd'hui, en tous les cas sur les projets importants ou les grands sujets, pouvoir s'exprimer en amont comme pendant la formulation des choix, et faire valoir leur avis pour influer sur la prise de décision, voire participer à celle-ci.

La procédure conduisant à la déclaration d'utilité publique, conçue depuis 1810 pour garantir une protection suffisante du droit de propriété, s'avère aujourd'hui, dans le domaine de l'aménagement et des équipements, de plus en plus inadaptée aux grands projets : elle ne permet pas l'arbitrage, car celui-ci doit intervenir, non plus seulement comme dans le passé, entre l'intérêt général et des intérêts privés, mais de surcroît entre des intérêts publics différents, notamment ceux des diverses collectivités publiques. Ces difficultés, ainsi que les blocages de certaines grandes opérations d'aménagement, ont entraîné une multiplication des formes de débat public trouvant souvent leur inspiration dans des expériences étrangères. D'abord réservées au seul domaine de l'aménagement et activées en particulier par les questions d'environnement, ces nouvelles démarches participatives ont été expérimentées dans d'autres domaines, tel celui de la santé avec la mise en place des conférences régionales de santé et l'organisation des États généraux de la santé.

Ainsi après les évolutions constatées vers plus d'information, puis vers plus de concertation préalable à la décision, l'administration fait tant bien que mal l'apprentissage de cette nouvelle forme de réflexion collective et contradictoire qu'est le débat public. Elle le fait dans la diversité des expériences, recherchant des procédures de nature à garantir une réelle participation des citoyens, et une élaboration mieux partagée de l'intérêt général, justifiant mieux et rendant plus légitimes les projets et les politiques soumis au débat.

L'association *Services publics*, qui réunit des agents de services publics, des universitaires, des syndicalistes et des chercheurs, étudiant et débattant de l'amélioration du fonctionnement de l'État au service des citoyens, a mené une réflexion sur la place des débats publics dans le processus de décision, le rôle qu'y joue l'administration, et la manière dont ces nouvelles pratiques peuvent constituer un vecteur de la modernisation de l'administration et du progrès de la société. À partir de ces réflexions préliminaires, nourries par des témoignages d'acteurs ayant été impliqués dans la mise en œuvre de ce dispositif, *Services publics* a organisé les 3 et 4 mars 2000, un colloque sur le thème : « Débat public et légitimité de la décision », colloque qui fournit l'essentiel de la matière du présent ouvrage.

Ce livre, fruit d'un travail collectif dans lequel Jean-Michel Fourniau et Pierre Chambat ont tenu un rôle central, réunit les textes rédigés par les personnalités intervenues lors du colloque ou au cours de réunions préparatoires à celui-ci. Les débats organisés sous la forme de deux séances plénières, animées successivement par Robert Fraisse et Jean Leca, ont permis d'enrichir les contributions initiales. Par souci de clarté et de cohérence, ces contributions ont été regroupées en cinq chapitres abordant des thèmes tantôt généraux, tantôt liés à un domaine précis : le débat public et la participation démocratique, la commission nationale du débat public, l'aménagement en débats, la santé en débats, de nouveaux territoires pour les débats. Ils sont accompagnés d'annexes qui permettront au lecteur de suivre l'évolution des procédures législatives et réglementaires françaises de concertation et de participation.

Par-delà la diversité des analyses rassemblées dans cet ouvrage, nombreux sont ceux qui partagent la conclusion qu'Hubert Blanc tire des premières leçons de la commission nationale du débat public : *« La concertation en amont est une exigence contemporaine de la démocratie ; elle est une condition de l'efficacité. Elle oblige chacun à être meilleur : le décideur quand il doit faire comprendre ses choix, l'ingénieur quand il doit défendre ses solutions techniques, l'opposant qui ne peut plus se contenter d'une orchestration bruyante de l'indignation et du procès d'intention, mais doit dire lui aussi le pourquoi et le comment des solutions qu'il préconise ».*

Cette affirmation du premier président de la Commission nationale du débat public, venant de la part d'un homme qui a exercé des responsabilités très éminentes dans le cadre démocratique de notre État, constitue une ouverture et un appel courageux pour le débat *en amont* des décisions.

La mise en discussion des politiques publiques montre qu'aujourd'hui administrer ce n'est plus seulement exécuter. Cela suppose un lien spécifique entre l'administration et les citoyens qui n'est pas de même nature que le lien entre les citoyens et leurs représentants puisqu'il est en définitive destiné à informer les seconds. Cela requiert aussi un partage plus important de l'expertise entre l'administration et la société car, demander aux citoyens et aux acteurs concernés ou affectés par un projet de donner un avis fondé, suppose que ceux-ci disposent, quant à eux, de moyens propres de le faire et que l'État le facilite.

On le voit, avec le débat public, ce n'est pas une nouvelle procédure technocratique se superposant aux précédentes qu'il s'agirait d'encourager, c'est véritablement un nouveau principe de réforme dans l'État qui se trouve posé. Nous souhaitons que ce livre, par la confrontation des analyses qu'il présente et par les expériences qu'il décrit, contribue à jeter les bases de ce qui pourrait devenir une doctrine de l'usage du débat public.

CHAPITRE 1
DÉBAT PUBLIC ET PARTICIPATION DÉMOCRATIQUE

*Pierre Chambat * & Jean-Michel Fourniau ***

Plus répandue dans nombre de pays étrangers, l'idée qu'il est de la responsabilité de l'État d'organiser un débat public et de permettre l'expression des divers points de vue avant une décision, est assez récente en France. Ces dernières années, le débat public a pris place dans les processus de décision des collectivités publiques selon des modalités diverses :

– grands débats nationaux sur les transports, l'énergie, le service national, l'école, l'assurance maladie, les retraites, etc. (depuis 1992) ;
– consultation nationale des jeunes (1997) ;
– conférences régionales et États généraux de la santé (1998-1999) ;
– conférence de citoyens sur les organismes génétiquement modifiés (OGM), organisée par l'Office parlementaire d'évaluation des choix scientifiques et technologiques (OPECST, 1998) ;
– création de la Commission nationale du débat public pour les projets d'aménagement (CNDP mise en place depuis septembre 1997).

La multiplication des formes du débat public traduit d'abord la montée de protestations inédites et le blocage des décisions. Résultant du constat d'une crise de (ou dans) la démocratie, le débat public tente de répondre à un déficit de légitimité du politique en faisant droit à la revendication d'espaces de prise de parole et de délibération sur les décisions publiques.

Les formes de mise en discussion des réformes à entreprendre ou des grands problèmes de société à traiter diffèrent à plus d'un titre : place du débat dans le processus de décision, modalités d'organisation du débat, domaines concernés, acteurs impliqués. Les manifestations

---

* Chercheur à l'Institut de recherche sur l'information et la société (IRIS) de l'Université Paris Dauphine.
** Directeur de recherche à l'Institut national de recherche sur les transports et leur sécurité (INRETS).

en sont variées et les résultats disparates. Cette diversité souligne les difficultés à satisfaire l'exigence de participation démocratique par l'inscription de celle-ci dans un cadre institutionnel.

L'introduction du débat public relève donc d'un processus pragmatique (un « bricolage » si l'on est critique ou un apprentissage si l'on est plus positif) d'innovation institutionnelle. Pragmatisme ne signifie pas improvisation mais suppose, au contraire, de clarifier les enjeux et les modalités d'une telle innovation. Ce premier chapitre se propose de le faire en mettant en perspective cette question : le débat public peut-il non seulement faciliter l'acceptabilité sociale des décisions mais encore améliorer la qualité des choix publics ?

Les diverses expériences de débat public menées en France depuis une dizaine d'années traduisent une *recherche de légitimité*, autrement dit de mobilisation des soutiens et de réduction des conflits. Mais la question reste posée de savoir si le déficit implicitement en cause tient à la rigidité sinon à la défaillance de l'administration, à l'inadaptation de ses procédures trop secrètes et insuffisamment justifiées, bref à sa dimension bureaucratique, ou s'il tient à la défaillance du politique. Ceci ouvre à une interrogation sur les rapports de l'administration et du politique, c'est-à-dire à un effort pour lever une certaine confusion entre réforme administrative et réforme des institutions politiques. Dans une période de rééquilibrage entre les pouvoirs, il est en effet utile de s'interroger plus avant sur ce que recouvre cette fonction de l'État qu'est administrer, qui déborde la notion classique d'exécution des lois et qui se distingue de celle de gouverner, de légiférer ou de juger. Nous soutiendrons ici que la question du débat public ne saurait être cantonnée dans la seule sphère de la réforme des procédures administratives.

§ 1. LES RAISONS DU RECOURS AU DÉBAT PUBLIC : LE DÉFICIT DE LÉGITIMITÉ DE L'ACTION PUBLIQUE

On peut énoncer deux types de raisons au recours à cette procédure lourde de débat public. Une première série d'explications a trait à l'action publique elle-même. Dans le Colloque organisé par le ministère de l'Environnement le 25 avril 1995 sur *La concertation en amont des projets d'aménagement*, la concertation – il s'agit bien ici du dispositif mis en place par la loi du 2 février 1995[1] – est justifiée par le

1. Loi n° 95-101 relative au renforcement de la protection de l'environnement du 2 février 1995, dite loi « Barnier ». Les deux premiers articles figurent en annexe de l'ouvrage.

fait, d'une part qu'elle est une mesure d'économie, économie de temps, d'argent et d'énergie, et d'autre part qu'elle répond à une demande des citoyens[2].

Les deux raisons se rejoignent d'ailleurs dans le souci de diminuer le nombre des contentieux, coûteux en temps, en argent et en énergie. Non seulement ce contentieux est croissant mais, ainsi que le soulignait le conseiller d'État André Holleaux dès 1980, à propos de la jurisprudence dite du bilan, le contentieux devant la juridiction administrative n'oppose plus l'intérêt général, porté par l'acteur public appuyé sur sa capacité d'expertise, à des intérêts privés mais des intérêts publics différents car les « acteurs extérieurs invoquent tous plus ou moins un intérêt ou une utilité publique vue avec leurs prismes respectifs »[3]. La sauvegarde du vignoble de la Côte-Rôtie ou la survie de telle espèce rare de scarabée sont-ils des intérêts légitimes au regard de la conception extensive du patrimoine ou du principe de précaution ? Il n'est pas indifférent pour mesurer cette défiance à l'égard de l'État de souligner que dans une enquête de la SOFRES des 20-21 septembre 1999, 77 % des Français jugent que l'État n'agit pas dans le sens de l'intérêt général (70 % à gauche et 84 % à droite)[4].

Plus globalement, ainsi que le constatent les politologues, les transformations de l'action publique soulignent l'inadaptation du modèle juridique classique régalien, centralisé, vertical et hiérarchique, de décision. Les décisions étatiques s'inscrivent dans des politiques publiques qui constituent des processus longs et complexes, impliquant des acteurs multiples, privés comme publics, reposant sur des procédures nouvelles (qu'on pense à la contractualisation dans l'administration) et engendrant des institutions de régulation atypiques (les autorités administratives indépendantes, par exemple). C'est cette restructuration de l'action publique que l'on désigne souvent sous le terme de « gouvernance ». Pour cerner les implications de cette transformation, Jean Leca a avancé la notion iconoclaste mais très évocatrice « d'État creux »[5].

---

2. C&S Conseil, *Aménagement et opinion. Actes du Colloque tenu le 25 avril 1995*, ministère de l'Environnement, Direction de la nature et des paysages, doc. ronéotypé, pp. 11-13.
3. André Holleaux, « La jurisprudence du bilan », *Revue administrative*, n° 198, Paris, 1980, pp. 593-605.
4. Olivier Duhamel, « Les Français et l'État », in SOFRES, *L'état de l'opinion 2000*, Paris, Seuil, 2000. pp. 137-144. Le même sondage révèle par ailleurs que, pour une majorité de Français, l'État n'intervient pas assez.
5. Jean Leca, « La "gouvernance" en France sous la Cinquième République. Une perspective de sociologie comparative » in François d'Arcy et Luc Rouban (dir.), *De la Ve République à l'Europe*, Paris, Presses de Sciences Po, 1996, pp. 329-365.

La nouveauté, avec l'institutionnalisation de formes de débat public, est l'apparition (pour ne pas dire l'intrusion) d'un nouveau type d'acteurs, encore mal défini : les riverains, les usagers, les citoyens ou la population. Cette irruption, subie ou provoquée, en ce qu'elle cherche et conduit à débloquer des systèmes d'acteurs figés, introduit à un deuxième type de questions touchant à la démocratie. De façon simplifiée, on peut avancer que la conflictualité sociale révèle les limites de la démocratie représentative et se traduit par une exigence accrue de participation sous forme de délibération.

Qu'on analyse le phénomène en termes de déficit de communication, de crise de la représentation, de contestation des minorités ou de résistance des corporatismes, force est de constater que la seule victoire électorale ne suffit pas à faire accepter les décisions des gouvernants, surtout quand ceux-ci paraissent infidèles à leurs promesses ou du moins à l'interprétation qu'on en a faite. L'organisation de débats publics répond donc d'abord à un déficit de légitimité du politique, au débordement par des pratiques démocratiques réactives des temps et des lieux de la démocratie instituée ou gouvernante, selon l'expression de Georges Burdeau[6]. Autrement dit, par la prise en charge de débats publics, suivant des modalités diverses sur lesquelles on reviendra tout au long de ce livre, l'administration est conviée à remédier au déficit du politique, à réparer ses bévues, voire à opérer une mobilisation descendante.

§ 2. INFORMATION, CONCERTATION ET PARTICIPATION : TROIS EXIGENCES EN ÉVOLUTION

Pour préciser les raisons générales que nous venons d'esquisser, l'analyse du recours au débat public dans le domaine des grands aménagements et équipements retient plus particulièrement notre attention. On peut y résumer l'évolution des régimes de la décision par une tendance[7] : la progression vers la mise en discussion publique des projets en préalable à la décision, et l'ouverture du débat de plus en plus tôt dans le processus de décision.

6. Georges Burdeau, article « Démocratie » in *Encyclopediæ Universalis*, Paris, 1971, vol. 5, pp. 408-412.
7. Jean-Michel Fourniau, « Transparence des décisions et participation des citoyens » in *Projets d'infrastructures et débat public*, Paris, DRAST-CPVS du ministère de l'Équipement, *Techniques, Territoires et Sociétés* n° 31, mai 1996, pp. 9-47.

La circulaire du 15 décembre 1992 du ministre des Transports Jean-Louis Bianco, relative à la conduite des grands projets d'infrastructures de transports (dite circulaire « Bianco »)[8], puis la loi du 2 février 1995 de renforcement de la protection de l'environnement (dite loi « Barnier »), ont ainsi prévu la tenue d'un débat public en amont des études d'implantation des projets nationaux d'aménagement. Ces textes ont initié un processus d'institutionnalisation qui n'est pas achevé puisqu'une réforme de l'utilité publique est aujourd'hui engagée par le gouvernement[9].

Ce processus ne résulte pas d'une progression linéaire et les formes concrètes que revêt le débat public restent très différentes selon que les participants y recherchent une meilleure information du public, l'élaboration concertée des projets ou l'instauration de « forums délibératifs » préalable à la décision.

A. UN TRIPLE MOUVEMENT DE MISE EN DISCUSSION PUBLIQUE DES PROJETS D'AMÉNAGEMENT

Trois grandes évolutions de l'action publique concourent à la mise en discussion publique des décisions d'aménagement. Ces trois mouvements donnent forme à trois exigences distinctes : *les exigences d'information, de concertation et de participation.*

1. *Transparence de l'information et consultation*

Les réactions suscitées par les lacunes de l'information de la population sur l'action des pouvoirs publics, notamment au moment de l'enquête d'utilité publique, ont depuis longtemps conduit l'administration et les maîtres d'ouvrage à entreprendre d'importants efforts de communication pour énoncer et expliquer leurs orientations, leurs choix et leurs décisions. Cette communication peut également viser à élever le niveau de connaissance du projet par la population et à induire des modifications de son attitude. Dans tous les cas, la *simple information* des habitants n'engage pas leur participation au processus de décision, et le flux d'information reste à sens unique. Les pratiques d'information sont d'ailleurs essentiellement conçues pour faire com-

8. Le texte figure en annexe de l'ouvrage.

9. *Cf.* la contribution de Terry Olson dans cet ouvrage, et la « communication en conseil des ministres de Dominique Voynet sur la réforme de l'utilité publique », communiqué de presse du ministère de l'Environnement du 27 septembre 2000.

prendre aux habitants que le choix des pouvoirs publics est le meilleur, compte tenu des contraintes. Elles sont alors perçues comme un exercice de mise en valeur d'une action décidée sans que l'avis de la population ait été demandé, et leur réduction à cet objectif publicitaire est dénoncée par les opposants au projet.

Un premier mouvement contribuant à la mise en discussion publique des décisions d'aménagement est engagé depuis plus de vingt ans et touche à l'information du public, à l'accès aux documents administratifs, à la motivation des actes administratifs, au contrôle des citoyens sur l'action de l'État. La transparence de la décision et la participation du public sont devenues les leitmotivs des directives de modernisation du service public, de la directive de Jacques Chirac de 1976 à la circulaire d'Alain Juppé, en passant par celle de Michel Rocard en 1989[10].

La modernisation de la consultation est au cœur de cette première évolution de l'action publique. Toutes les réformes récentes instaurant un débat public en amont des projets partent de cette préoccupation d'un développement des formes de consultation de la population pour aller au-delà de la simple information. La circulaire « Chirac » sur les enquêtes publiques a ainsi donné, en 1976, une définition assez extensive de la consultation :

« L'information du public trouve ses fondements dans la nécessité d'expliquer et de faire comprendre les raisons qui ont conduit les pouvoirs publics à retenir tel ou tel projet. Elle s'impose aussi pour obtenir des habitants intéressés le maximum de réactions et de propositions susceptibles d'éclairer l'autorité publique avant le choix ou la mise en œuvre d'un projet. Ainsi, c'est bien dans une double perspective qu'il convient d'agir : celle d'une meilleure information des habitants au sujet des projets mis au point par les pouvoirs publics, et celle d'une meilleure connaissance par les pouvoirs publics des besoins des habitants. »[11]

---

10. La circulaire « Chirac » du 14 mai 1976 porte sur l'information et la consultation du public. La circulaire « Rocard » du 23 février 1989 traite du renouveau du service public et notamment de la concertation entre fonctionnaires et usagers et de l'évaluation des politiques publiques. Dans des termes plus ou moins proches, les Premiers ministres suivants, Alain Juppé par une circulaire du 26 juillet 1995 sur la réforme de l'État et des services publics puis Lionel Jospin avec de nouveaux projets de réforme de l'État, ont développé cette ligne de modernisation dans de nouvelles circulaires utilisant la notion de participation du public.
11. Circulaire du 14 mai 1976. Signée par le Premier ministre, cette circulaire « qui a pour objet de commenter le décret n° 76-432 du 14 mai 1976 relatif aux enquêtes publiques », s'adresse essentiellement aux services de l'Équipement et est publiée sous le timbre du ministère de l'Équipement.

La *consultation* doit donc être entendue comme *une information à double sens*. Il s'agit de recueillir les suggestions et critiques sur des projets, d'évaluer les réactions du public avant d'effectuer un choix ou de modifier le projet en conséquence.

En fait, bien des procédures actuelles de débat public ne vont pas, dans la pratique, au-delà d'une information à double sens. Ainsi, la consultation conduit à ce que la décision ait lieu *en public* et non qu'elle soit le fait du public. Elle reste donc une forme de participation plutôt symbolique, sans réel accès du public aux processus d'élaboration des projets. En effet, cette forme s'inscrit dans une vision linéaire de la décision, découpée en trois temps définis par le processus d'études des projets : expertise du maître d'ouvrage permettant d'élaborer un projet, consultations sur ce projet et finalement décision par l'autorité compétente. Ces trois temps sont considérés comme des séquences successives, marquant l'avancée inexorable vers la décision définitive, le passage d'une phase à une autre du processus étant ponctué par des décisions intermédiaires, fonctionnant comme autant de cliquets, sans retour en arrière possible.

2. *La concertation est fille de la contestation* [12].

Un second mouvement a émergé plus récemment des grands conflits d'aménagement du début des années quatre-vingt-dix, marquant l'entrée de l'action publique dans un régime de décision plus pragmatique. L'administration a cherché à mieux situer la réalisation des investissements jugés nécessaires dans un cadre de planification plus global, intégrant aux justifications sectorielles traditionnelles, les dimensions d'aménagement du territoire et d'environnement. Cette impulsion « technocratique » s'est trouvée confrontée à de grands conflits territoriaux quand il s'est agi de définir le tracé des grandes infrastructures : contestations du TGV Méditerranée, du tunnel du Somport et de plusieurs lignes électriques à très haute tension, mise en cause de la « frénésie autoroutière », etc., débouchant sur la remise à plat des projets voire leur abandon dans le cas du canal Rhin-Rhône ou de l'annulation contentieuse de l'A400. Pourtant ces conflits ont vite dépassé le cadre de revendications locales (stigmatisées par les aménageurs sous le vocable de syndrome Nimby[13]) pour poser la

12. Ce constat a été formulé lors du colloque du ministère de l'Environnement de 1995, *Aménagement et opinion*, *op. cit.*

13. *Cf.* Arthur Jobert, « L'aménagement en politique ou ce que le syndrome NIMBY nous dit de l'intérêt général », *Politix* n° 42, 1998, pp. 67-92.

question de la *transparence des décisions.* Ainsi, le conflit du TGV Méditerranée est à l'origine de la circulaire « Bianco » du 15 décembre 1992[14].

En réponse à ce que le rapport de la « mission Carrère » [15] avait diagnostiqué en 1992 comme relevant d'une crise de la décision, le processus d'institutionnalisation du débat public en amont des projets a alors été engagé. La *Charte de la concertation* publiée en juillet 1996[16] à l'initiative de Corinne Lepage, ministre de l'Environnement, en traduit l'esprit « partenarial » : il s'agit de favoriser un *dialogue plus direct et constructif* entre les maîtres d'ouvrage et le public, c'est-à-dire de reconnaître les associations qui se constituent dans les conflits territoriaux comme des partenaires d'une négociation portant sur l'implantation des infrastructures. La circulaire « Bianco » a le plus clairement affirmé cette *exigence de concertation* en formalisant des « engagements de l'État » avant l'enquête publique sur les grands projets de transport et en créant des comités auxquels participent les associations locales de défense, pour en suivre, sous la houlette du préfet, la réalisation après la déclaration d'utilité publique.

3. *Concertation et partage du pouvoir de décision*

La concertation se distingue de la consultation en ce qu'elle est censée donner aux participants une influence réelle sur l'élaboration des projets : *« La concertation, vous prenez le dictionnaire, c'est clair : c'est une expression d'avis dont on tient compte, on est obligé d'en rendre compte... alors que la consultation c'est une expression d'avis que l'on recueille, et l'on n'est pas obligé d'en rendre compte. »*[17] Il peut également s'agir pour l'administration et les maîtres d'ouvrage d'élaborer une solution en collaboration directe avec les acteurs concernés, considérés comme des partenaires.

14. *Cf.* Jean-Michel Fourniau, « La portée des contestations du TGV Méditerranée », *Écologie et politique*, n° 21, Paris, automne-hiver 1997, pp. 61-75.
15. Gilbert Carrère, *Transports, destination 2002. Recommandations pour l'action*, rapport au ministre de l'Équipement, du Logement et des Transports, Paris, 21 juillet 1992. Voir aussi G. Carrère, *Les transports en France*, Paris, PUF, « Que sais-je ? », août 1997.
16. Le texte figure en annexe de l'ouvrage.
17. Propos d'un ingénieur d'un Centre d'études techniques de l'Équipement, responsable d'études de projets autoroutiers, recueillis lors d'une recherche conduite dans le cadre du PREDIT, *Évaluer, débattre ou négocier l'utilité publique ?*, volume 1 : *Ateliers de bilan du débat public*, Paris, INRETS, 1999.

La concertation suppose donc pour de nombreux auteurs une certaine redistribution du pouvoir au profit des intervenants dans le débat public. Le rapport entre la participation et la décision est en effet classiquement envisagé selon une échelle[18] qui classe les niveaux de participation en fonction du pouvoir effectif qu'ils donnent aux citoyens de faire valoir leur avis sur les problèmes soulevés par un projet et les solutions retenues. Ce modèle, souvent repris depuis, comporte divers degrés[19] et la concertation se situe au milieu de l'échelle.

Mais l'idée même de partage du pouvoir de décision est controversée. Un récent guide méthodologique du ministère de l'Équipement rappelle ainsi : *« Lorsque M. Dupont émet un avis dans le cadre d'une concertation et qu'il constate que ses propositions n'ont pas été suivies d'effet, il en déduit que le pouvoir le trompe, qu'il n'organise pas de "vraie concertation". Réduire le problème à une querelle de mots est une erreur. Bien entendu M. Dupont devrait ouvrir son dictionnaire et comprendre qu'il confond "concerter", "agir ensemble", et "concertation", "demander l'avis avant d'agir". Mais il faut voir qu'il existe une contradiction intrinsèque à la notion de concertation : on demande l'avis des gens sur une décision que l'on va prendre mais le pouvoir ne leur est pas pour autant délégué. »*[20]

Comme l'indique la *Charte de la concertation*, la concertation (comme la consultation) est conduite par le maître d'ouvrage qui choisit ses interlocuteurs. Ainsi, ni le statut du garant de la transparence du processus ni la possibilité d'expertises indépendantes du maître d'ouvrage n'ont reçu de formalisation précise. La définition proposée par le guide méthodologique du ministère de l'Équipement reflète bien l'esprit des réformes entreprises en France : *« Une concertation est une politique de consultation des personnes intéressées par une décision avant que celle-ci ne soit prise. [...] C'est une méthode de travail qui intègre, dans le processus de conception et de décision, des*

18. Sherry R. Arnstein, « A Ladder of Citizen Participation », *The Journal of the American Institute of Planners*, n° 35, juillet 1969, pp. 216-224. Jean-Jacques Salomon décrit largement ce modèle dans la dernière partie de *Le destin technologique*, Paris, Balland, Folio actuel, 1992.

19. La nomenclature adoptée par Hydro-Québec en comporte huit, *Cf. La participation du public aux projets d'équipement*, Montréal, Vice-présidence d'Hydro-Québec, Monréal 1991. Elle est également exposée par Nicolas Mettan, « Place de la négociation dans les processus d'aménagement du territoire et de protection de l'environnement », *in* Jean Ruegg, Nicolas Mettan et Luc Vodoz, *La négociation. Son rôle, sa place dans l'aménagement du territoire et la protection de l'environnement*, Lausanne, Presses polytechniques et universitaires romandes, 1992.

20. Catherine Atger, *La concertation en aménagement. Éléments méthodologiques*, Lyon, CERTU, Aménagements et urbanisme, 2000, p. 14.

consultations aux étapes-clés. Le maître d'ouvrage s'engage à écouter, à éventuellement modifier son projet, voir à y renoncer intégralement. L'autorité reste libre de sa décision. »[21]

4. De la concertation au débat public

Le mouvement vers plus de concertation préalable à la décision s'observe également dans tous les champs de l'environnement. Les procédures d'élaboration des schémas d'aménagement et de gestion des eaux, des plans départementaux d'élimination des déchets, de qualité de l'air ou de prévention des risques naturels, soumettent, la plupart du temps, ces documents à une enquête publique. La constitution des commissions locales de l'eau, des commissions locales d'informations mises en place auprès des laboratoires préfigurant les sites d'enfouissement des déchets nucléaires, les commissions consultatives auprès des aérodromes, les commissions départementales des carrières, etc., sont caractéristiques des nouvelles formes de l'action publique, qui instituent des lieux de négociation afin de permettre, dès l'amont des décisions, un ajustement des intérêts.

Cependant, dans le champ de l'aménagement, les réformes des procédures de décision ont privilégié la notion de débat public en amont et visé la participation du public le plus large à l'élaboration des décisions, plutôt que d'organiser des comités de concertation ouverts aux seuls représentants des intérêts déjà constitués, comme cela a été fait dans les autres champs des politiques environnementales. Ainsi, dans tous les cas évoqués ci-dessus, la conduite des débats revient au maître d'ouvrage tout au long du processus de concertation, alors que la loi « Barnier » confie l'organisation du débat en amont à la Commission nationale du débat public et non plus à un préfet comme dans la circulaire « Bianco ».

En effet, dès la mise en œuvre de la circulaire « Bianco », le rôle central du préfet coordonnateur dans l'organisation du débat public, a largement favorisé une application de la procédure réduite à la routine institutionnelle[22] et conduit à un effacement des commissions de suivi placées auprès de lui pour garantir le bon déroulement du débat. Ce rôle du préfet a été fortement critiqué dans la préparation de la loi

21. *Ibid*, p. 9.
22. Sandrine Rui et Jean-Michel Fourniau, *Mobilisation politique, routine institutionnelle et expérience démocratique*, Paris, INRETS, décembre 1996.

« Barnier »[23] qui charge donc la Commission nationale de l'organisation du débat. Cette innovation institutionnelle, en retirant au maître d'ouvrage l'organisation du débat public, instaure la publicité du processus de décision en critère central de légitimité, achevant de donner forme à l'idée de transparence.

Bien que le rôle précis de la commission nationale du débat public reste très peu défini, la loi « Barnier » a pu être considérée au moment de son adoption comme introduisant dans le système juridique français « un nouveau droit des citoyens, le droit au débat public »[24]. Ainsi, la place faite au débat public esquisse un troisième mouvement plus diffus à propos des grands projets technologiques ou de grandes controverses environnementales, exprimant le besoin de délibération permettant au commun des citoyens de retrouver quelque maîtrise sur de grands enjeux de société. La création d'un Comité d'éthique ou, plus récemment, l'organisation d'une conférence de consensus sur les organismes génétiquement modifiés participent également de ce mouvement, sous des formes bien différentes.

B. PARTICIPATION ET DÉBAT PUBLIC

Les trois mouvements de transformation de l'action publique se recouvrent plus qu'ils ne s'inscrivent dans une progression linéaire d'un droit à la participation. Ainsi, chaque nouvelle procédure apporte d'autres modalités de participation du public et l'empilement réglementaire qui en résulte est l'une des motivations de la réforme annoncée de l'utilité publique.

Les réformes ouvrant les processus classiques de consultation au public dès le début du processus de décision, instaurant une concertation préalable ou instituant un débat public en amont des projets ont en commun de donner une forme concrète et de plus en plus extensive au thème de la transparence : *« La transparence est une dimension désormais nécessaire de l'efficacité et de la crédibilité de l'action*

23. Huguette Bouchardeau, *L'enquête publique. Rapport au ministre de l'Environnement*, Ministère de l'Environnement, décembre 1993. Ce rapport, qui fait le bilan de dix ans d'application de la loi « Bouchardeau » de démocratisation de l'enquête publique (loi n° 83-360 du 12 juillet 1983), a servi de texte préparatoire à la rédaction de la loi « Barnier » de 2 février 1995.

24. Jean-Claude Hélin, « La loi Barnier et la participation du public. Ajustements et innovation », *Revue juridique de l'Environnement*, n° 2, Paris, 1995, pp. 219-233. L'auteur reprend le terme employé dans le rapport d'Huguette Bouchardeau, précédemment cité.

publique : transparence des enjeux, transparence des stratégies, transparence des compétences et des responsabilités, transparence des choix par la proposition de véritables alternatives, transparence enfin des résultats par la vérification publique. »[25]

Forme majeure des réformes procédurales récentes, le débat public reste cependant pensé par rapport au schéma classique de la consultation et sa spécificité semble être déniée par les textes qui l'instituent. *« Les dispositions contenues dans le titre premier du projet de loi [...] répondent, pour partie au moins, à une préoccupation fondamentale des citoyens qui revendiquent la transparence des décisions publiques en matière d'aménagement de l'espace et l'amélioration de la concertation préalable aux décisions »*[26] notait ainsi le rapporteur du projet de loi « Barnier » à l'Assemblée nationale, loin d'argumenter l'idée d'un « nouveau droit au débat public ». C'est que le processus institutionnalisant un débat public préalable aux décisions d'aménagement n'a été porté par aucune force clairement identifiable et a au contraire rencontré de fortes oppositions. Ainsi, le décret d'application de l'article de la loi du 2 février 1995 créant la Commission nationale du débat public[27] n'a été pris qu'en mai 1996, les membres nommés un an plus tard, et la Commission finalement installée le 4 septembre 1997, deux ans et demi après le vote de la loi « Barnier ». Certes, il y a eu entre temps deux changements de gouvernement dont une alternance politique, mais ce délai traduit pour le moins les fortes résistances que suscite l'existence de cette commission de « sages ». Le débat parlementaire avait déjà repoussé toutes les tentatives de lui conférer des pouvoirs étendus, en ne rendant pas sa saisine obligatoire pour tous les grands projets d'aménagement et en lui refusant la faculté de s'autosaisir[28]. Le Conseil d'État avait, quant à lui, préconisé de restreindre le champ du débat public aux seuls projets de l'État, ce qui rendait sans objet un texte législatif[29].

---

25. Jean-Louis Bianco, « Une méthode transparente et démocratique pour décider des transports de demain », *Dossier Équipement* n° 4, Paris, ministère de l'Équipement, janvier 1993 (présentation et texte de la circulaire).
26. Jacques Vernier, « Rapport sur le projet de loi sur le renforcement de la protection de l'environnement », *JOAN*, débats du 23 novembre 1994.
27. Le texte figure en annexe de l'ouvrage.
28. *Cf.* Cécile Blatrix, « La loi Barnier et le débat public, quelle place pour les associations ? », *Écologie et politique* n° 21, Paris, automne-hiver 1997, pp. 77-92.
29. *Cf.* Anicet Le Pors, « Les évolutions de la réglementation des opérations d'aménagement », *Annales des Ponts et chaussées*, n° 92, Paris, 1999, pp. 4-12.

1. Participation et référendum local

Finalement, l'évolution constatée, si elle ne s'inscrit pas dans une progression continue de la participation, aura au moins mis en cause la vision linéaire de la décision qui sous-tendait les processus classiques de consultation. Pour autant, cette conception n'est pas accompagnée, au contraire de certaines expériences nord-américaines, de l'idée d'un partage du pouvoir de décision, au sens de délégation par une autorité compétente d'une partie de ses prérogatives de décision à des formes de démocratie participative. Ainsi, même lorsqu'elle vise l'intégration des intérêts collectifs exprimés à différentes échelles (échelle territoriale ou échelle de problèmes) en accordant au public une possibilité de discuter des problèmes et de leur solution, la concertation conserve l'attribution du pouvoir d'élaboration et de décision au seul maître d'ouvrage.

Dans la représentation théorique du rapport entre participation et décision, le sommet de l'échelle est occupé par différentes formes possibles de *co-décision*. La concertation est d'ailleurs parfois entendue en ce sens, comme devant tendre à un partage de la décision entre les intervenants concernés, ce qui implique la *négociation* pour rechercher l'accord entre acteurs dont les intérêts sont distincts, voire opposés. S'il s'agit d'impliquer directement les citoyens, l'archétype du pouvoir effectif donné aux citoyens sur la décision serait, dans cette représentation, le référendum d'initiative populaire.

Au moment où se déroulait la « mission Carrère », le débat parlementaire sur la loi d'orientation du 6 février 1992 relative à l'administration territoriale de la République, abordait le problème de la participation des habitants à la vie locale par voie de référendum, tout en s'attachant à en limiter la portée. La loi introduit dans le droit français la consultation locale en tant que modalité de participation. Mais elle en limite le champ aux affaires de la compétence de la commune, rejette toute modalité d'initiative populaire (que la loi sur l'aménagement du territoire du 4 février 1995 a réintroduite) et rappelle fortement que les référendums communaux n'ont de valeur que consultative et ne dépossèdent pas les collectivités de leur pouvoir de décision garanti par la constitution[30].

30. Voir Jacques Caillosse, « L'expérience française de décentralisation et la question de la démocratie locale aujourd'hui », *Les Cahiers du Centre national de la Fonction publique territoriale*, n° 37 : *Vers une nouvelle administration territoriale de la République*, Paris, décembre 1992, et Michel Verpeaux, « Référendum local et participation des électeurs à la vie locale en France », communication au 7e Colloque de la revue *Politiques et Management public*, *La gestion des collectivités locales et régionales face à l'incertitude*, Montréal, 3-4 novembre 1994.

Notre culture politique – en particulier, celle largement partagée dans l'administration – semble donc bien opposer terme à terme participation et décision. C'est ce qui expliquerait le faible usage du référendum local ou d'initiative populaire et la crainte qu'il inspire aux décideurs[31].

2. *Le principe d'équivalence structure le débat public.*

Sans donc se situer dans une visée de partage du pouvoir de décision, l'institutionnalisation du débat public introduit une nouvelle représentation des rapports entre participation et décision. Il faut en effet noter une différence significative entre le débat public et les autres « lieux de négociation institutionnalisés » : la constitution de ceux qui sont mentionnés ci-dessus inclut un principe de clôture qui repose sur la représentation des groupes d'intérêts. Le débat public constitue au contraire une scène ouverte, dans laquelle le « principe d'équivalence » posé comme règle de fonctionnement bouleverse les logiques de représentation. Ce principe a été énoncé par le président de la Commission particulière du débat sur le projet de ligne électrique à très haute tension traversant le Verdon :

« La commission particulière a posé en principe que tous les acteurs du débat, quelle que soit leur représentativité ou leur qualité (élus, associations, organismes syndicaux de salariés ou d'employeurs, collectivités ou établissements publics, simples particuliers), bénéficieront au cours du débat d'un traitement semblable. » [32]

Ce principe a également guidé la conception et l'organisation du débat sur le projet de TGV Rhin-Rhône : *« Même si la règle est parfois difficile à faire comprendre dans certaines de ses conséquences, il*

(suite 30.) La « loi ATR » (loi n° 92-125 du 6 février 1992) insère dans le titre II du livre Ier du code des communes un nouveau chapitre relatif à la participation des habitants à la vie locale. Quelques articles en sont modifiés par la loi « Pasqua » (loi n° 95-115 du 4 février 1995) : référendum d'initiative populaire et extension des dispositions aux établissements publics de coopération intercommunale. Ces dernières dispositions sont actualisées par la loi « Chevènement » (loi n° 99-586 du 12 juillet 1999) sur l'intercommunalité. Les chapitres correspondants du code général des collectivités territoriales figurent en annexe de l'ouvrage.

31. *Cf.* Cécile Blatrix, « Le référendum local, une procédure de démocratie participative ? Bilan et perspectives » in Daniel Gaxie (dir.), *Luttes d'institutions*, Paris, L'Harmattan, 1997, pp. 233-269.

32. Gérard Porcell, *Compte rendu du débat public sur le projet de construction d'une ligne à très haute tension entre Boutre et Carros*, Paris, CNDP, novembre 1998, p. 7.

est apparu qu'il fallait la maintenir dans toute sa rigueur, dès lors que le "chef d'orchestre" de la procédure n'est plus le préfet, nécessairement sensible aux critères de représentativité, mais une autorité indépendante, comme une commission particulière. »[33] Il s'agit donc d'une règle qui caractérise le débat public lorsqu'il se dégage des formes plus classiques de la concertation entre un maître d'ouvrage et les divers intérêts concernés par son projet.

Le débat public est ainsi une manière nouvelle de faire appel à la participation des citoyens, de lier participation et décision. Sa visée correspond bien à cette définition de la participation reprise par un grand aménageur québécois :

« La participation est l'ensemble des possibilités démocratiques, offertes à la population de collaborer à la prise de décision. Une participation authentique est alors un engagement actif des citoyens dans la résolution des problèmes qu'ils jugent essentiels et pertinents et dont ils peuvent effectivement concourir à élaborer et à contrôler les solutions. »[34]

C. NÉGOCIATION, ÉVALUATION ET PARTICIPATION

Le débat public en amont des projets d'aménagement peut être considéré comme l'une des « scènes d'action collective institutionnalisée » caractéristiques des nouvelles formes de l'action publique[35]. Y sont recherchés des ajustements en amont de la décision, disposant de « règles sur les règles » spécifiques, répondant à la double logique d'efficacité et de démocratisation de la décision. Les mouvements récents de réforme de la conduite des projets d'aménagement tentent ainsi d'articuler la participation du public, la négociation des solutions entre porteurs d'intérêts et l'évaluation des problèmes par le maître d'ouvrage, plutôt que de situer le recours au débat public sur une échelle continue de partage du pouvoir de décision.

Examinons les oppositions entre les trois termes. L'antagonisme entre négociation et participation structure l'espace de la décision

---

33. Charles Gosselin, *Compte rendu préparé et remis par le président de la commission particulière du débat public sur la branche sud du TGV Rhin-Rhône*, Paris, CNDP, octobre 2000, p. 45.

34. D. Olivry, « L'utilité sociale de la participation : vers un pragmatisme social », *Cahiers du GERMES*, n° 11, Paris, décembre 1985, pp. 469-487. Cette définition a été reprise par Hydro-Québec en 1991, *op. cit.*

35. Patrice Duran, Jean-Claude Thoenig, « L'État et la gestion publique territoriale », *Revue française de science politique*, vol. 46, n° 4, Paris, août 1996.

puisqu'il renvoie à la question du partage du pouvoir : *« La participation représente un mode de rapports à travers lequel l'autorité publique favorise l'expression des besoins ou des réactions par la population ou par un groupe-cible [...] Le rapport ainsi institué [...] n'engage pas une dynamique de partage du pouvoir [...]. La négociation, pour sa part, s'inscrit dans une logique tout à fait différente des relations entre autorités publiques et acteurs tiers, [...] groupes, instances, milieux, privés et publics, porteurs d'intérêts liés au problème et dont la position les rend acteurs réels ou potentiels de sa résolution*[36]*. »*

La coupure entre participation et négociation se double de l'opposition entre participation et évaluation qu'exprime le paradoxe entre le débat et l'expertise : *« entre expertise et débat, il n'y a place pour rien. C'est que dès qu'un phénomène (social en l'occurrence) fait l'objet d'une expertise, il ne peut plus faire l'objet d'un débat : il faut se plier aux arguments-experts, ou alors ces arguments n'en seraient pas. »*[37] L'antinomie entre l'expertise du maître d'ouvrage et le savoir profane du public ordonne les nouvelles procédures de concertation qui ont institué des moments de discussion publique mais n'ont encore formalisé aucune ouverture des processus d'expertise, aucune mise en discussion publique des expertises.

Enfin, le Conseil scientifique de l'évaluation a souligné la différence entre négociation et évaluation en indiquant qu'une *« instance d'évaluation est une structure de travail et non un lieu de négociation [...], [qui] doit être conçue comme un arbitre entre les différents points de vue et non comme un médiateur de différents intérêts qu'il conviendrait d'accommoder »*[38].

Les procédures de conduite des projets en France font ainsi de la décision la résultante de cette triple opposition entre participation, évaluation et négociation. La tension entre ces trois logiques d'action ouvre en effet un espace de jeu pour des pratiques assez différenciées dont nous avons caractérisé, par ailleurs[39], quelques types. Dans l'une des deux conceptions que nous avons repérées, il s'agit avant tout pour l'État et les maîtres d'ouvrage de faire de la consultation du

36. *Idem*, p. 615.
37. Albert Ogien, « Les formes modernes d'encadrement du débat public », in CRÉSAL, *Les raisons de l'action publique*, Paris, L'Harmattan, 1993, pp. 247-261.
38. Conseil scientifique de l'évaluation, *Petit guide de l'évaluation des politiques publiques*, Paris, La Documentation française, 1996, p. 38.
39. *Cf.* Jean-Michel Fourniau, « Figures de la concertation à la française » *in* Michel Gariépy et Michel Marié (dir.), *Ces réseaux qui nous gouvernent ?*, Paris et Montréal, L'Harmattan, Villes et entreprises, 1997, pp. 373-401.

public un élément du pilotage de l'action publique en situation complexe, un outil moderne de la gestion publique. Les thèmes centraux des réformes font alors de la transparence des choix la finalité de la concertation, mais l'affichage d'une volonté d'élaboration concertée des projets[40] n'est pas accompagné d'une transformation des conditions de l'évaluation des projets et des politiques. Dans quelques expériences, la question d'une démocratisation de l'évaluation et d'une autre organisation du débat public s'est néanmoins trouvé posée[41].

Ainsi, les diverses manières de mettre en cohérence le triple rapport entre la participation, l'évaluation et la négociation demeurent bien l'objet de débats, sur le terrain comme à l'intérieur de l'administration. Cette articulation, jamais convenue d'avance, donne à chaque débat public sa tonalité propre, son style spécifique. C'est d'ailleurs bien ce qu'a compris la Commission nationale du débat public, en voulant faire de chacun des débats qu'elle a organisés une expérience singulière, conduite selon des modalités très différentes dans chaque cas.

§ 3. LA RECHERCHE D'UN MODÈLE DÉLIBÉRATIF AU-DELÀ DE LA CONCERTATION

Le débat public n'est pas une nouveauté, il est même consubstantiel à la démocratie en ce qu'il résulte de l'exercice des libertés fondamentales, d'expression, de réunion, d'association, etc. Finalement, la triple exigence qu'ont aujourd'hui à prendre en compte les gouvernements – se montrer à la fois conscients des problèmes et des demandes de la population (*responsive*), susceptibles de rendre compte de leur action (exigence d'*accountability* que les Québécois traduisent par *imputabilité*), et capables de résoudre les problèmes (*problem solving*)[42] – structure l'extension actuelle du recours à la participation et au débat public.

40. Ce thème a été particulièrement mis en avant par l'administration de l'Équipement lors d'un grand débat interne sur sa modernisation conduit en 1995 « Ensemble, traçons notre avenir ».
41. Ce fut notamment le cas dans le conflit du TGV Méditerranée, avec le Collège des experts, dont l'expérience est l'une des origines de la circulaire « Bianco ».
42. *Cf.* Jean Leca, « La "gouvernance" en France sous la Cinquième République. Une perspective de sociologie comparative », article cité.

A. L'INSUFFISANCE DES MODÈLES CLASSIQUES DU DÉBAT PUBLIC

À cet égard, la théorie politique récente[43] met en avant le principe délibératif, la théorie de la discussion pour sortir du débat classique entre le républicanisme (centré sur l'État et l'élaboration d'une volonté collective) et le libéralisme (centré sur la protection des droits). Mais les formes instituées qu'a revêtues jusqu'ici le principe délibératif apparaissent inappropriées à une généralisation. En particulier, les formes nouvelles en cours d'expérimentation supposent d'inventer de nouvelles modalités de représentation.

1. *La démocratie directe*

On peut mentionner pour mémoire la démocratie directe, autrement dit la réunion de la communauté des citoyens pour délibérer ensemble. C'est une forme jugée obsolète car difficilement praticable dans les sociétés complexes modernes. Le référendum, tant au *plan national* où il a une portée décisionnelle mais est verrouillé par les autorités (article 11 de la Constitution) qu'au *plan local* où il n'a qu'un statut consultatif (lois du 6 février 1992 et du 4 février 1995) même quand il est d'initiative populaire (loi du 4 février 1995), reste marginal en pratique (environ deux cents cas d'utilisation) et s'avère très sensible à diverses formes de dérives dont le populisme n'est pas la moindre[44].

Même si les techniques de communication permettent de constituer des forums civiques, utilisées par exemple par l'Office parlementaire d'évaluation des choix scientifiques et technologiques (OPECST) ou dans le cadre de l'élaboration d'une loi de régulation de l'Internet, et même si certains fondent de grands espoirs de revitalisation de la démocratie par le recours à ce type de techniques (la *grass-roots democracy* aux USA), il s'agit encore de dispositifs émergents et qui sont loin de satisfaire aux conditions d'égalité des citoyens en démocratie. Elles servent surtout à organiser les mobilisations et leur institutionnalisation est encore balbutiante. Mais surtout, qu'elle s'effectue sous forme de communautés réelles ou de communautés virtuelles,

43. Benjamin Barber, *Démocratie forte*, Paris, Desclée de Brouwer, 1997 (1re édition 1984). Ulrich Beck, *Risk Society*, London, Sage, 1992. Jürgen Habermas, *Droit et démocratie*, Paris, Gallimard, 1997.

44. Marion Paoletti, « Le référendum local en France. Variations pratiques autour du droit », *Revue française de science politique*, vol. 46, n° 6, Paris, décembre 1996, pp. 883-913.

cette délibération est marquée par le même paradoxe qu'énonçait jadis Madison dans les *Federalist Papers*[45] pour justifier le régime représentatif américain : la qualité de la délibération (la possibilité et le niveau de la discussion) est inversement proportionnelle à la quantité de personnes impliquées dans le processus délibératif. C'est pourquoi un certain nombre d'auteurs – Robert Dahl ou James Fishkin dont les travaux sont à l'origine des sondages délibératifs[46] – ont proposé de confier la délibération à un panel de citoyens « représentatifs » ou *minipopulus*, parallèlement aux organes parlementaires.

2. *Le modèle judiciaire*

On en vient alors aux formes de la délibération. Le modèle judiciaire est un modèle très formalisé. Certes, cette procédure apporte le maximum de garanties aux parties quant à la qualité des débats et, par son impartialité, se rapproche de la procédure idéale de délibération : l'échange réglé (égalitaire) d'informations et de raisons, la publicité des débats, l'absence de contraintes externes et internes ou du moins leur mise à distance par la procédure, ce qui assure des chances égales aux deux parties de se faire entendre. Mais il ne paraît guère reproductible en dehors de l'arène très particulière qu'est un tribunal. Le débat s'effectue sous les yeux du public, en public, mais non pas avec la participation du public qui reste spectateur. La justice rend une décision sur un cas individuel, elle n'engage pas un débat public. L'analyse des décisions ne peut pas être faite par la justice, et cette tâche est souvent, par défaut, l'œuvre de la presse. Et, sur ce point, l'on constate sans doute un excès d'attente à l'égard du juge que traduit la pénalisation croissante de la société.

3. *Le modèle parlementaire*

C'est le modèle par excellence de nos démocraties représentatives, qui s'est imposé par rejet de la démocratie directe, au XVIIIe siècle. Le régime représentatif est né de l'exigence de contrôler et de limiter la décision étatique, en la soumettant à un nouveau mode de

---

45. Consultables sur le site Internet de la Yale School of Law. http://www.yale.edu/lawweb/avalon/federal/fed.htm

46. Robert A. Dahl, grand politologue américain, est notamment l'auteur de *Preface to Democratic Theory* (1956) et de *Democracy and its Critics* (1989).
James Fishkin, professeur à Austin (Texas) est notamment l'auteur de *Democracy and Deliberation* (1991) et *The Voice of the People public. Opinion and Democracy* (1996).

légitimation qu'est le consentement des gouvernés. La notion de publicité (l'espace public d'Habermas à la suite de Kant) en est le principe régulateur et sa traduction institutionnelle est le Parlement. Mais elle est alors cantonnée aux niveaux éclairés de la société. Certes, depuis « le gouvernement par la discussion » cher aux libéraux, le régime représentatif a su s'adapter au mouvement d'universalisation qui caractérise la démocratie et a connu successivement les phases de la démocratie des partis, puis récemment de la démocratie du public (ou démocratie d'opinion) si l'on s'en tient au schéma proposé par Bernard Manin[47]. Toutefois, ce modèle présente des insuffisances qui le disqualifient comme modèle général du débat public :
– tout d'abord c'est un débat entre les représentants sous les yeux du public ; ce débat est d'ailleurs fortement ritualisé, souvent quasi formel et le débat véritable s'effectue dans d'autres arènes plus confidentielles : groupes parlementaires, commissions[48] ;
– ensuite c'est un débat législatif, alors que l'enjeu actuel concerne l'administration et ses décisions ; à la définition d'une norme générale s'oppose la prise en considération d'une situation et d'un contexte particuliers d'application où des intérêts individualisés s'affrontent ;
– enfin, la représentation y est régie par des principes politiques, alors que la revendication montante est celle de l'expression et de la prise en compte des intérêts et des identités, ce dont témoignent les usages extensifs et anarchiques de la notion de citoyenneté.

4. *L'administration consultative*

Depuis la fin du XIXe siècle s'est développée tout un ensemble d'institutions chargées de donner à l'État un avis susceptible de l'éclairer. Conçu sur le modèle parlementaire (pour Jules Ferry, le Conseil supérieur de l'Instruction publique est « le Parlement des enseignants ») ces divers conseils s'en distinguent sur deux points essentiels. Tout d'abord, ils représentent les acteurs professionnels d'un secteur essentiellement par l'intermédiaire de leurs organisations syndicales représentatives, ce qui pose, parmi bien d'autres problèmes, la question de leur représentativité et de leur place dans les politiques publiques transversales. En second lieu, leurs débats ne font pas l'objet de publicité, ou du moins d'un degré de publicité répondant aux attentes actuelles de l'opinion.

47. Bernard Manin, *Principes du gouvernement représentatif*, Paris, Flammarion, « Champs », 1996.
48. Voir Marc Abélès, *Un ethnologue à l'Assemblée*, Paris, Éditions Odile Jacob, 2000.

Le principal défaut de ce mode de régulation est sans doute d'avoir débouché sur un néo-corporatisme sectoriel, opaque et inflationniste, dont l'Éducation nationale et l'Agriculture constituent deux exemples, c'est-à-dire sur une forme de régulation qui devient difficilement praticable avec la crise des financements, la crise du syndicalisme, la construction de l'Europe et la montée des mouvements sociaux. La transformation des politiques publiques sectorielles implique une ouverture du système d'acteurs à d'autres que les professionnels traditionnellement impliqués ainsi qu'une autre forme de légitimation que l'intérêt général appuyé par l'expertise, bref une transformation de la régulation. D'ailleurs, ainsi que l'ont montré les débats sur le SMIC Jeune ou la réforme de la législation sur la drogue : comment représenter la jeunesse ou les drogués ?

B. LE DÉBAT PUBLIC INSTITUTIONNALISÉ, UN NOUVEAU MODÈLE DÉLIBÉRATIF ?

L'insuffisance des divers modèles envisagés fait rechercher depuis une vingtaine d'années de nouvelles formes de gouvernement de l'action publique. Mais, par la généralisation de formes de débat public, s'agit-il avant tout de mettre en place de nouvelles modalités de concertation dans un cercle élargi d'acteurs (ce qui semble être le cas dans les différents secteurs mentionnés), ou s'agit-il d'abord de redéfinir la « mise en public » (ou la « mise en discussion publique ») des projets et politiques, comme condition de l'exercice de la responsabilité publique ?

Nous pouvons là encore, raisonner en prenant appui sur les expériences conduites dans le domaine de l'aménagement et de l'environnement. L'articulation recherchée entre négociation, évaluation et participation dans le débat public incite à distinguer une fonction délibérative du débat public et une fonction de négociation reconnue à la concertation (même si elle est peu mise en pratique).

1. *Négociation et délibération*

Analysant les nouvelles formes de l'action publique, Bruno Jobert explique que *« ce qui se joue dans la négociation, c'est finalement un processus de sélection entre un petit nombre d'alternatives. Il n'est que l'aboutissement d'un long processus de construction de la réalité sociale, de filtrage et de stylisation des différentes interprétations possibles qui implique souvent un ensemble d'acteurs et d'insti-*

tutions spécifiques. »[49] Ce processus suppose que l'enjeu, le réseau des acteurs, les institutions sont stabilisées. La concertation, comme modalité de la négociation entre des porteurs d'intérêts clairement identifiés, permet ainsi la production de normes d'action convergentes entre différents groupes aux intérêts opposés. Elle est une pratique instituée de l'administration et a été l'une des fonctions majeures de la « planification à la française ».

En revanche, dans une situation de construction d'un problème public[50], le réseau des acteurs est de nouveau ouvert, le recours à des ressources intellectuelles diversifiées est nécessaire. L'affirmation d'une dimension environnementale a ainsi questionné, dans de nombreux secteurs de l'action publique, la définition des problématiques et le fonctionnement des systèmes d'action[51]. Aussi Bruno Jobert juge-t-il *« souhaitable de ne pas postuler la coïncidence entre l'espace de la négociation et celui des débats de politique publique. Nous proposons de qualifier les premiers "d'arène des politiques publiques", les seconds de "forums des politiques publiques"* ».

La distinction proposée par Bruno Jobert nous semble donc particulièrement pertinente pour rendre compte de la différenciation entre débat public et concertation qui s'opère dans les conflits d'aménagement. Par exemple, des analyses convergentes des conflits suscités par des projets de TGV montrent que les contestations ont produit un « changement de paradigme »[52] dans la politique des grandes vitesses ferroviaires. Le processus d'institutionnalisation du débat public prend d'ailleurs sa source dans le conflit du TGV Méditerranée qui a ouvert la controverse sur le contenu même de cette politique publique.

Cette distinction fait écho à la « nouvelle constitution » que propose Bruno Latour en différenciant pouvoir de *prise en compte* et pou-

49. Bruno Jobert, « Rhétorique politique, controverses scientifiques et construction des normes institutionnelles : esquisse d'un parcours de recherche », in Alain Faure, Gilles Pollet et Philippe Warin, *La construction du sens dans les politiques publiques*, Paris, L'Harmattan, Logiques politiques, 1995, p. 19.
50. Daniel Cefai, « La construction des problèmes publics. Définitions de situations dans des arènes publiques », *Réseaux* n° 75, Paris, 1996, pp. 43-66.
51. *Cf.* Pierre Lascoumes (dir.), *Instituer l'environnement*, Paris, L'Harmattan, 1999.
52. Cécile Blatrix, *La « démocratie participative », de Mai 1968 aux mobilisations anti-TGV. Processus de consolidation d'institutions sociales émergentes*, thèse de science politique de l'Université Paris I, soutenue le 20 janvier 2000. Jacques Lolive parle de « réouverture de la boîte noire ». *Cf.* Jacques Lolive, *Les contestations du TGV Méditerranée*, Paris, L'Harmattan, Logiques politiques, 1999.

voir d'*ordonnancement*[53]. L'arène de négociation renverrait à la « chambre basse » où s'exerce le pouvoir d'ordonnancement, et le forum de débats à la « chambre haute » où s'exerce le pouvoir de prise en compte. Ce dernier doit permettre de déployer la « pluralité des mondes », de les explorer grâce à des « enquêtes pour détecter, rendre visible, et faire parler les différentes propositions candidates à l'existence ». Il suppose la mise en place de procédures de consultation pour constituer « le jury capable de juger des effets de chaque proposition sur les habitudes des autres ». Le pouvoir d'ordonnancement répond quant à lui aux besoins d'unification, d'institution d'un monde commun. Il suppose une exigence de clôture (au moins temporaire) des controverses et des procédures contradictoires pour composer la hiérarchie optimale, c'est-à-dire finalement, décider. La « nouvelle constitution » suppose une séparation des pouvoirs – le travail de prise en compte ne devant pas être raccourci et empiété par le travail d'ordonnancement, ni ce dernier interrompu et remis en cause par le pouvoir de prise en compte – et un fonctionnement en boucle des deux assemblées. Ce fonctionnement réclame alors l'instauration d'une fonction spécifique de l'administration, un « pouvoir procédural fort » que Bruno Latour nomme le pouvoir de *suivi*, pour garantir la qualité des enquêtes nécessaires au travail des deux chambres pour constituer le monde commun.

2. *Délibération et décision*

Ainsi, des auteurs très différents, dans des perspectives également très différentes, soulignent la nécessaire distinction à opérer entre deux tâches confondues dans le même mot de décision. Ces distinctions ne sont pas purement théoriques et permettent, au contraire, de rendre compte du fonctionnement délibératif que nous observons dans les débats organisés par la Commission nationale du débat public. Mais une conception linéaire de la décision comme la culture politique ou administrative dominante tend à minimiser cette fonction de délibération : cette tâche-là est, trop souvent encore aujourd'hui, une étape obligée mais sans valeur propre, seule comptant la décision finale et pas le processus qui y conduit. L'observation des débats publics organisés par la CNDP montre au contraire l'importance de ce moment délibératif pour fonder la décision.

53. Bruno Latour, *Politiques de la nature*, Paris, La Découverte, 1999.

Précisons ce que nous entendons par délibération. Ainsi que l'a indiqué Bernard Manin, il s'agit essentiellement du processus de formation de la volonté politique : « *Lorsque les individus abordent la décision politique, ils ne savent que partiellement ce qu'ils veulent. Aussi est-on fondé à prendre pour base de la légitimité non leur volonté pleinement déterminée, mais le processus par lequel ils la déterminent : la délibération.* »[54] Proposant une conception *délibérative* de la démocratie, Jürgen Habermas l'oppose aux deux autres modèles normatifs de la démocratie – la conception libérale et la conception républicaine –, et précise que les trois modèles se différencient par leur conception de la politique, au sens de la formation de la volonté politique des citoyens. Le modèle délibératif avance une conception de la légitimation en termes de processus et substitue au principe normatif de souveraineté du peuple celui de liberté de communication des citoyens, celle-ci, supposée conduire à l'usage public de la raison, constituant un principe de rationalisation discursive de la décision[55].

Les débats publics organisés par la CNDP ont tendu à répondre à ce principe délibératif. En complément du principe d'équivalence déjà mentionné, le président de la commission particulière du débat Boutre-Carros énonçait également que « seule compte la force des

54. Bernard Manin, « Volonté générale ou délibération ? Esquisse d'une théorie de la délibération politique », *Le Débat* n° 33, Paris, janvier 1985, pp. 72-93.
55. *Cf.* Jürgen Habermas, *Droit et démocratie. Entre faits et normes*, Paris, Gallimard, 1997. « Selon la vision libérale, la fonction de formation démocratique de la volonté consiste exclusivement à *légitimer* l'exercice du pouvoir politique. (...) Selon la vision républicaine, en revanche, cette formation démocratique de la volonté a une fonction bien plus puissante : elle consiste à *constituer* la société en tant que communauté politique et à raviver à chaque élection la mémoire de cet acte fondateur. (...) La théorie de la discussion introduit une autre idée encore : les procédures et les conditions communicationnelles de la formation démocratique de l'opinion et de la volonté fonctionnent, en effet, comme l'écluse la plus importante d'une rationalisation au moyen de la discussion, des décisions que prennent un gouvernement et une Administration liés par les lois et par la justice. La *rationalisation* est plus qu'une simple légitimation, mais moins que la constitution du pouvoir. Le pouvoir dont dispose l'administration change de nature dès lors qu'il est rattaché à une formation démocratique de l'opinion et de la volonté qui ne se contente pas de contrôler après coup l'exercice du pouvoir politique, mais contribue plus ou moins à le programmer. Pourtant, seul le système politique est capable d'« agir ». Il est un système partiel spécialisé dans les décisions qui engagent la collectivité, tandis que les structures communicationnelles de l'espace public forment un vaste réseau de senseurs qui réagissent à la pression des problèmes intéressant la société dans son ensemble et qui suscitent l'expression d'opinions influentes. L'opinion publique qui, grâce aux procédures démocratiques, s'est transformée en pouvoir communicationnel, ne peut pas elle-même "dominer", mais doit se contenter d'orienter l'usage du pouvoir administratif dans un certain sens. », pp. 324-325.

arguments » dans l'espace du débat, veillant à trouver, dans le cours du débat, *« une solution pratique qui garantisse un équilibre réel, donnant à chaque argument échangé sa seule force et faisant en sorte qu'il puisse y être répondu comme à tout autre, indépendamment du "poids" de son auteur »*[56]. Ces règles qui garantissent l'égalité de communication permettent de confronter les énoncés des problèmes à prendre en compte, de mettre en regard des savoirs de natures diverses, d'expliciter les contradictions entre les intérêts publics, de qualifier les enjeux communs à l'ensemble des protagonistes. Le moment délibératif du débat donne alors un sens à l'ensemble du processus de décision : la discussion contradictoire et pluraliste délimite l'objet du conflit d'aménagement qui a donné naissance au débat, et formalise le bien commun qui est la finalité du conflit : la définition de l'intérêt général.

Si l'expérience du débat public donne un sens à l'ensemble du conflit, c'est également parce que les règles qui organisent le forum délibératif y font émerger une logique de représentation différente de celle qui nourrit le conflit. En effet, l'un des ressorts des conflits d'aménagement est la revendication d'un droit à la parole, l'obtention d'une reconnaissance comme acteur du projet, dont témoigne la résistance opposée aux critères d'évaluation qui cantonnent les participants dans des rôles sociaux prédéfinis par les procédures. À l'opposé de cette logique de constitution des acteurs en fonction de leur représentativité politique, de leurs compétences techniques et du degré de généralité des intérêts qu'ils défendent[57], les règles délibératives du débat font prévaloir une logique de représentation des problèmes qui, finalement, donne forme au processus de décision. Ce qui importe dans le débat, c'est que tous les points de vue puissent être exprimés, et pas nécessairement toutes les personnes. La volonté générale résulte alors de l'accord sur le meilleur argument, après que tous les arguments se sont exprimés. La distinction classique entre processus de formation de la volonté générale et recherche de la volonté de tous permet également de différencier les rôles dans le débat sans opposer les porteurs d'arguments et les simples témoins en tant que citoyens actifs et passifs. Les simples témoins sont également nécessaires à la formation de la volonté générale en ce qu'ils peuvent attester que tous les points de vue ont bien été exprimés et débattus.

---

56. Gérard Porcell, *La lettre du débat public sur le projet de ligne à très haute tension Boutre-Carros*, n° 8, 15 juillet 1998, Brignoles, Commission particulière du débat public, p. 16.

57. *Cf.* Sandrine Rui, « La citoyenneté à l'épreuve du débat public », *Société française* n° 12-13, octobre-décembre 1998, pp. 5-13.

La pratique du débat public participe donc, selon nous, de la généralisation du principe délibératif qui caractérise un changement de régime d'énonciation de la volonté générale, changement que Dominique Rousseau a thématisé avec la notion de « démocratie continue » : *« La démocratie continue est une démocratie de délibération. [...] Selon le modèle construit par Sieyès, la délibération reste circonscrite à l'enceinte parlementaire. Avec la démocratie continue, elle en sort et s'étend à l'ensemble du champ social participant à l'énonciation de la norme. [...] Concurrentiel et délibératif, le nouveau régime d'énonciation des normes est ainsi la marque d'un au-delà de la démocratie représentative*[58] ». Mais la généralisation de ce principe ne va pas sans poser de difficiles problèmes d'institutionnalisation.

C. LES DIFFICULTÉS DE L'INSTITUTIONNALISATION

Pour conclure, revenons à notre question initiale : le débat public peut-il non seulement faciliter l'acceptabilité sociale des décisions mais encore améliorer la qualité des choix publics ? Trois types d'incertitudes ont pu être relevés :

– une incertitude d'abord sur la nature du débat qualifié de public : débat rendu public, débat en présence du public ou débat avec le public ?

– une deuxième incertitude concerne les participants au débat public : ils sont qualifiés soit d'usagers, de citoyens et même de citoyens de base, d'habitants, de public voire même d'opinion publique.

– une troisième incertitude a trait à la dénomination disparate des débats publics : suivant les cas, on parlera de délibération, de consultation, de concertation, de dialogue, d'auditions publiques, de forums citoyens, de conférences citoyennes, d'assises, voire d'États généraux.

Ce flou souligne la difficulté à satisfaire par une inscription institutionnelle définie et stable les différents registres de participation démocratique – information, concertation, délibération – qui se mêlent en une même prise de parole. Pourtant l'institutionnalisation du débat public apparaît souhaitable non seulement parce que cette procédure répond à une demande des citoyens – c'est du moins ce que ne cessent d'affirmer les hommes politiques – mais aussi parce que son organisation doit comporter un certain nombre de garanties. Rappelons qu'institutionnaliser consiste à inscrire dans le droit des règles répondant à plusieurs questions relatives au débat public : *qui* (les personnes

58. *Cf.* Dominique Rousseau (dir.), *La démocratie continue*, Paris, L.G.D.J.-Bruylant, 1995. La citation est extraite de son introduction, p. 14.

admises à participer au débat), *quoi* (quel est l'objet du débat), *comment* (les procédures adéquates), *pourquoi* (les objectifs visés).

Or, les usages recensés révèlent que les fonctions politiques remplies par le débat public sont diverses et que bien des effets pervers sont possibles sinon souhaités. On peut en effet distinguer trois situations.

1. *Le débat public préventif*

Préalable à la décision, participant de la procédure consultative comme le rappelle à juste titre le Conseil d'État dans son *Rapport public 1999*[59], il vise d'abord à éclairer les autorités en charge de la décision et s'opère selon une séquence en trois temps : expertise, débat, décision. Améliorer la décision, telle est sa fonction manifeste. Mais il comporte aussi une fonction latente : il vise en effet à désamorcer la contestation possible sinon probable en canalisant, selon des formes maîtrisables, l'expression du mécontentement. C'est notamment la visée première du dispositif mis en place par la loi du 2 février 1995 : le décret d'application de son article 2, créant la Commission nationale du débat public, précise bien que le débat public ne peut plus être organisé dès lors qu'a été publiée la décision du ministre compétent concernant les principales caractéristiques d'un projet. Cependant, nous l'avons vu, la pratique du débat a été bien au-delà de cette fonction d'encadrement de la contestation, en donnant corps aux principes délibératifs.

2. *Le débat public réparateur*

Ce type de débat relève de l'initiative du politique, à la fois dans son lancement et dans ses modalités. Il est difficilement institutionnalisable car il vise, dans un contexte particulier de crise et par une opération quasi magique, à rétablir la confiance entre gouvernants et gouvernés en exposant ostensiblement la capacité d'écoute des gouvernants, leur proximité à l'égard des populations. Tel est le cas du « SMIC jeune ». Le décret instituant le contrat d'insertion professionnelle (CIP), publié au *JO* le 22 février 1994, est retiré le 30 mars sous la pression d'un fort mouvement de contestation, mais le 21 avril est retenu le principe d'une consultation nationale des jeunes. Le débat public serait-il à l'ère de la démocratie d'opinion ce que la création d'une commission était à l'ère du parlementarisme triomphant ?

59. *L'intérêt général*, Paris, La Documentation française, Études et documents du Conseil d'État n° 50, 1999.

3. Le mélange des deux

L'ordonnance du 24 avril 1996 sur les conférences de santé met en place un dispositif de large consultation qui vise, par ses propositions, à éclairer le gouvernement et le législateur dans le débat sur le projet de loi de financement de la sécurité sociale. Mais ce dispositif, comme l'ont montré Bruno Jobert et Dominique Damamme[60], ne se comprend pas sans référence au contexte conflictuel de l'automne 1995. On assiste alors à l'émergence d'une nouvelle coalition d'acteurs qui implique une nouvelle forme de légitimation. Autre exemple : la conférence de citoyens des 20-21 juin 1998 sur « l'utilisation des organismes génétiquement modifiés en agriculture et dans l'alimentation ». La décision, en novembre 1997, d'autoriser la culture d'une variété de maïs transgénique suscite une vive contestation, ce qui amène le gouvernement à proposer l'organisation d'un débat public et les ministres de l'Agriculture et de l'Environnement à suggérer, lors de la séance du 3 décembre 1997 à l'Assemblée nationale, que son organisation soit confiée à l'Office parlementaire des choix scientifiques et technologiques (OPECST). Ce dispositif n'a pas connu de suite.

Ces exemples montrent la difficulté de l'institutionnalisation. En effet, si l'on veut éviter que les débats publics ne soient qu'une technologie de pouvoir au service de la gestion de l'opinion par le gouvernement, c'est-à-dire ne relèvent que d'une visée instrumentale ou stratégique du pouvoir, il est nécessaire de définir des cadres, de stabiliser et de formaliser le recours à ces débats. Mais, à l'inverse, l'expérience montre la difficulté à l'inscrire dans le droit, à définir des formalités générales et stables, applicables à tous les secteurs et à tous les types de décision[61]. Le paradoxe est que l'institutionnalisation nécessaire ou espérée s'avère quasiment impossible. L'action publique est ainsi enfermée dans une tension entre, d'un côté, des « arts de gouverner » associés à la raison d'État et, de l'autre, la transparence et la participation associées à l'exigence démocratique.

Institutionnaliser le débat public, lui donner une place dans le processus que constituent les politiques publiques, consiste à passer de l'aval à l'amont des décisions, autrement dit de la réparation des ratés

60. Dominique Damamme et Bruno Jobert, « Coalitions sociales et innovations institutionnelles : le cas du "plan Juppé" », *in* Michèle Tallard, Bruno Théret et Didier Uri, *Innovations institutionnelles et territoires,* L'Harmattan, Paris, 2000, pp. 185-203.

61. Les difficultés rencontrées sont analogues en ce qui concerne la motivation des actes administratifs ou l'accès aux documents administratifs.

à la prévention de la contestation. De ce point de vue, l'appareil d'État apparaît bien comme subordonné au politique mais aussi comme remplissant une fonction politique d'organisation du consentement[62]. Dès lors que les enjeux des nouvelles procédures sont clairement des enjeux de pouvoir, une des nouvelles missions de l'État n'est-elle pas d'organiser le débat public ? Autrement dit pour reprendre l'expression de Jacques Donzelot et Michel Estebe[63] l'État ne devient-il pas animateur ?

62. Cependant, sur ce point peut-on se risquer à une hypothèse : l'émergence de ces procédures, qui participent de la troisième génération des droits selon l'expression de Guy Braibant, serait reliée à la crise de l'État providence. Cette hypothèse est celle d'un déplacement. Il ne s'agit plus, comme dans la période des trente glorieuses, d'engendrer la confiance par l'octroi de droits de créance, autrement dit par le recours à des procédés de redistribution matérielle (ce qu'Habermas qualifie de patronage d'État participant de la gestion du consentement où les citoyens deviennent les clients des bureaucraties publiques). Cette confiance est recherchée par la participation au processus de décision, autrement dit en octroyant des gratifications symboliques qui s'inscrivent dans une logique plus identitaire de la reconnaissance du droit à la dignité, du droit à être reconnu et écouté (Charles Taylor). Mais, simultanément, cette ouverture à de nouveaux acteurs par le débat public constitue une alternative au démantèlement néolibéral de type thatchérien, autrement dit à la dépossession de l'appareil d'État de certaines de ses prérogatives.

63. Jacques Donzelot et Michel Estebe, *L'État animateur : essai sur la politique de la ville*, Paris, Esprit, Villes et territoires, 1994.

CHAPITRE 2

LA COMMISSION NATIONALE DU DÉBAT PUBLIC, PREMIÈRES LEÇONS D'UNE EXPÉRIENCE

Les exigences d'information, de concertation et de participation exprimées dans les controverses que suscitent les grandes décisions dans de nombreux secteurs, montrent que la demande actuelle de démocratie déborde les temps et les lieux établis de la participation des citoyens dans la démocratie représentative traditionnelle. Toutes les expériences de débat public interrogent ainsi les modes institués de représentation politique et de prise de décision.

L'institutionnalisation d'un débat public en amont de la décision des grands projets d'aménagement n'en a pas moins été saluée, lors de l'adoption de la loi « Barnier » du 2 février 1995, comme la création d'un nouveau droit des citoyens. Où en est-on, trois ans après l'installation de la Commission nationale du débat public créée pour organiser ces débats ?

Les quatre débats conduits par cette Commission, par leur diversité même – diversité des enjeux, des acteurs, des territoires, des conséquences sur la décision –, soulèvent de multiples questions. L'ancien président de la Commission nationale du débat public et le président de la commission chargée d'organiser le premier débat au titre de la loi « Barnier » tentent dans ce chapitre d'y répondre en apportant leur témoignage. Ils tirent de leur expérience des conclusions générales sur la manière d'organiser et de situer le débat dans le processus de décision, afin de répondre à l'exigence démocratique à laquelle la création de la Commission nationale du débat public entend répondre.

LA CONCERTATION EN AMONT, UNE EXIGENCE CONTEMPORAINE DE LA DÉMOCRATIE

Hubert Blanc *

Au cours des dernières décennies, toutes les difficultés rencontrées lorsqu'on approchait de la phase déclarative d'utilité publique des grands projets d'infrastructure amenaient à un constat : la consistance du dossier présenté, achevé jusque dans ses détails, et la finalité même du processus d'utilité publique qui vise à confronter l'intérêt d'un projet public avec les droits attachés à la propriété privée, se prêtaient mal ou ne se prêtaient plus à un examen serein des objectifs économiques et sociaux visés, des alternatives éventuellement possibles, bref à un débat tournant autour de l'intérêt général du projet. Ainsi, est-ce à un stade très élaboré des projets que naissaient et se développaient des conflits difficiles à résoudre ou à apaiser. Les décideurs et maîtres d'ouvrage estimaient que le point de non retour des décisions était franchi, et l'opinion se refusait à avaliser un projet ficelé dont on essayait de lui démontrer l'intérêt en même temps qu'on achevait les formalités juridiques nécessaires à sa réalisation.

Ainsi est apparue la nécessité de ne pas confondre la phase d'utilité publique, qui est un point d'aboutissement impliquant un encadrement juridique rigoureux, avec une étape préalable appelant un débat plus large et moins formel, permettant une prise de conscience par l'opinion publique du choix proposé. Le débat doit donc permettre à cette opinion de s'informer et de s'exprimer, alors que les décisions définitives ne sont pas prises, sont encore réversibles et que des correctifs peuvent être apportés. Ainsi, le « bilan » même de l'opération peut donner lieu à une approche qui n'est plus seulement une appréciation juridictionnelle *a posteriori* des décisions politiques et administratives, mais un moyen d'éclairer les décideurs avant leurs choix définitifs.

---

* Conseiller d'État et ancien président de la Commission nationale du débat public.

Ce mouvement entre dans une perspective plus large qui est celle de la démocratie participative. Exigence qui ne peut plus être ignorée – compte tenu des évolutions de la société et de l'opinion publique – mais qui doit être conçue et organisée dans le processus même de la décision publique. La plupart des grandes décisions publiques doivent être précédées d'une phase d'information et d'expression de l'opinion. Cette phase ne doit pas se substituer à la prise de responsabilité. Il appartient aux seules autorités légitimes de prendre les décisions qui auront force exécutive. Mais la légitimité et l'acceptation sociale de ces décisions ne seront effectives que si préalablement la transparence dans l'élaboration du projet a été suffisante, si les citoyens ont pu faire valoir leurs points de vue et éventuellement pu faire évoluer les intentions primitives. Il ne s'agit pas d'obtenir dans tous les cas le consensus. Il s'agit moins encore de faire prendre les décisions par cet ensemble incertain et peu responsable qu'est l'opinion : il s'agit de faire en sorte que les décisions ne puissent être prises sans qu'il y ait eu une discussion publique autour des enjeux et des caractéristiques principales de la solution proposée. Le passage en force n'est plus possible. La communication sur papier glacé ne peut remplacer le débat.

La commission nationale du débat public présente l'intérêt d'être la première tentative d'organisation par la loi de cette concertation en amont. Il est aujourd'hui possible, alors que quatre débats publics ont été organisés et menés à bien et que la commission a eu à se prononcer sur plusieurs autres saisines, de faire un premier bilan, de voir les avancées qu'a permis la loi, de mesurer ce que peuvent être les insuffisances ou les blocages. Le fait que le rapport réalisé par le Conseil d'État, à la demande du gouvernement, sur le thème de « l'utilité publique aujourd'hui » ait présenté des propositions largement axées sur la phase amont de l'utilité publique, et que le gouvernement réfléchisse maintenant à la suite législative que pourraient recevoir ces propositions, donne à ce bilan un intérêt renouvelé.

§ 1. LE DISPOSITIF DE LA LOI BARNIER

C'est la *loi 95-101 relative au renforcement de la protection de l'environnement du 2 février 1995*[1], dite *loi Barnier*, qui a créé la commission nationale du débat public (art. 2) et prévu que, pour les

1. Le texte des articles de la loi qui concernent le débat public se trouve en annexe.

grandes opérations publiques d'aménagement présentant un fort enjeu socio-économique ou ayant un impact significatif sur l'environnement, un débat public portant sur les objectifs et les caractéristiques principales des projets peut être organisé pendant la phase d'élaboration de ces projets.

Il appartient à la commission nationale du débat public d'organiser le débat dans les conditions prévues par le décret du 10 mai 1996[2]. La commission est en place depuis septembre 1997.

Son rôle n'est nullement d'être un organisme chargé de formuler un avis sur une opération, mais d'organiser de manière strictement indépendante le cadre dans lequel, sur la base d'un dossier du maître de l'ouvrage, sera ouvert pendant environ quatre mois un espace de débat public permettant les échanges les plus clairs et les plus complets dont une commission particulière qu'elle aura constituée assurera les règles du jeu.

La composition de la commission nationale garantit sa diversité et son indépendance : dix-huit membres dont un tiers représente le parlement et les collectivités locales, un tiers est composé de magistrats ou membres des juridictions tant judiciaires qu'administratives, un tiers de ce qu'on peut appeler les forces vives parmi lesquelles notamment des représentants des usagers et d'associations agréées de protection de l'environnement. Le président est un conseiller d'État en activité ou honoraire.

La saisine de la commission nationale peut avoir plusieurs origines strictement prévues par le décret :
– soit le ou les ministres dont dépend le projet (projets de l'État ou des sociétés ou établissements publics nationaux),
– soit le ministre chargé des collectivités locales (projets des collectivités territoriales ou des établissements publics locaux) après avis de la ou des collectivités intéressées,
– soit les conseils régionaux territorialement compétents,
– soit 20 députés ou 20 sénateurs,
– soit enfin sur la demande d'associations agréées de protection de l'environnement exerçant leurs activités sur l'ensemble du territoire national.

Aujourd'hui, tous ces cas de saisine ont eu à s'exercer, parfois cumulativement. Mais qui dit saisine ne dit pas nécessairement débat : il faut que le projet remplisse des conditions, d'une part quant à son importance, d'autre part quant à son stade d'élaboration

2. Le texte du décret 96-388 du 10 mai 1996 figure en annexe.

A. QUELS PROJETS PEUVENT FAIRE L'OBJET D'UN DÉBAT PUBLIC ?

Il s'agit d'un débat lourd, et donc relativement coûteux : la loi réserve la formule aux « grandes opérations publiques d'aménagement d'intérêt national » et le décret[3] a précisé, par types d'opérations, quels projets correspondaient à cette définition :
• soit au niveau financier :
– projets dont le coût estimé est, selon les cas, de 2 ou 4 milliards de francs,
• soit au niveau physique :
– voies autoroutières et ferroviaires supérieures à 80 km ; création d'infrastructures portuaires sur un espace de 250 ha,
– lignes à haute tension de plus de 10 km,
– barrages ou réservoirs de plus de 20 millions de m^3,
– site de production nucléaire de plus de 2 milliards de F,
– gazoducs ou oléoducs de plus de 200 km,
– installations impliquant des transferts d'eau importants, etc.,
– plus globalement, tous équipements culturels, sportifs, industriels, scientifiques dont le coût des travaux estimé est supérieur à 2 milliards de Francs.

B. À QUEL STADE LE DÉBAT EST-IL POSSIBLE ?

Le décret du 10 mai 1996 définit le stade du processus de décision à partir duquel il n'est plus possible d'organiser un débat, parce que la notion même de débat en amont serait alors dépassée : de manière générale, c'est la décision, publiée au *Journal officiel*, par laquelle le ministre compétent prend en considération les caractéristiques ou le plan masse du projet.

Nous verrons que ce point soulève de nombreuses difficultés. Quelle est, en quelque sorte, la fenêtre du débat public ? Le décret nous dit lorsqu'il est trop tard. La loi, fixant les conditions nécessaires à l'ouverture d'un débat, notamment l'existence d'un projet ayant un maître d'ouvrage clairement identifié, nous oblige, quant à elle, à déterminer le point en deçà duquel le débat serait prématuré. Le débat public tel que le définit la loi Barnier n'est pas un débat sur des schémas, sur des planifications, sur des choix de modalités de transport ou d'équipement.

3. L'énumération des types d'opérations fait l'objet d'un tableau annexé au décret 96-388 du 10 mai 1996 : elle est donc récapitulée ici, et non avec le texte du décret qui figure en annexe de l'ouvrage.

C. COMMENT S'ORGANISE LE DÉBAT ?

Ce n'est pas la loi du 2 février 1995 qui a inventé la concertation en amont. L'article L.300-2 du code de l'urbanisme[4] a indiqué les conditions dans lesquelles les opérations d'urbanisme au plan local devaient être précédées d'une concertation organisée par délibération du Conseil municipal. En ce qui concerne les opérations de l'État, la circulaire Bianco du 15 novembre 1992 avait tracé le cadre dans lequel les préfets devaient organiser une concertation, notamment avec les partenaires économiques et sociaux avant d'entrer dans la phase de finalisation des projets : cette circulaire prévoyait aussi un dispositif de suivi permettant de s'assurer que les engagements pris pendant la concertation pouvaient être tenus. N'oublions pas non plus la mise au point, à l'initiative de Corinne Lepage, de la charte de la concertation, qui avait, de manière très intéressante, tenté de cerner les principes selon lesquels pouvait et devait s'organiser la concertation en amont. Enfin, il est arrivé que la pratique précède la loi et un certain nombre d'opérations nationales ou locales ont donné lieu à des initiatives de concertation organisée : de telles initiatives sont souvent nées (canal de la Saône au Rhin, opération Tolbiac) de la nécessité d'apporter une réponse adaptée à une demande très vive. La concertation en amont n'est pas aujourd'hui un gadget dû à des initiatives spontanées, elle est le moyen de faire face à une demande sociale constante. La négliger peut conduire aux plus grandes difficultés, voire à des obstacles infranchissables pour la réalisation des projets.

La réponse apportée par la loi Barnier consiste à inviter la commission nationale à constituer, pour chaque projet donnant lieu à débat, une commission particulière de quatre à sept membres présidée par un membre de la commission nationale[5] choisi par cette dernière sur proposition du président. Les autres membres de la commission particulière sont également désignés par la commission nationale sur proposition du président de la commission particulière ; ce dernier constitue en quelque sorte l'équipe qui autour de lui sera chargée d'organiser et d'animer le débat.

Pour chaque projet, un dossier du débat doit être constitué. Il présente le projet du maître de l'ouvrage. La commission particulière peut faire compléter le dossier par tout document qui paraîtrait néces-

4. Le texte figure en annexe.
5. Les difficultés de choix des présidents des commissions particulières qu'entraînent cette limitation, ont conduit la Commission nationale a demandé au Conseil constitutionnel un déclassement de cette disposition de la loi.

saire à la clarté et à la compréhension du débat. Ce dernier ne débute qu'après production du dossier complet.

Il appartient au président de la commission nationale, sur proposition de la commission particulière, de fixer la date d'ouverture et la durée du débat qui ne peut excéder quatre mois. Cette durée peut exceptionnellement être prolongée de deux mois si une expertise complémentaire devait être décidée.

La commission particulière a toute latitude pour organiser l'ensemble des moyens et événements qui constitueront le débat. C'est le maître d'ouvrage qui en supporte financièrement la charge, mais la commission détermine souverainement les modalités des supports d'information, des échanges de vues, etc. Le rôle de la commission n'est pas de peser sur la solution qui ressortira du débat mais de s'assurer du caractère complet et transparent des informations données, de permettre l'expression libre de toute opinion et de toute question, de veiller à ce qu'il soit répondu de manière complète aux questions, d'appeler éventuellement le témoignage de tout expert susceptible de préciser ou d'éclairer les sujets discutés.

D. LES CONCLUSIONS ET LA SUITE DU DÉBAT

On comprend que tout le dispositif est conçu pour que le débat lui-même soit l'événement nouveau dans le processus qui conduit à la décision définitive : il faut insister sur le fait qu'il constitue bien une étape dans ce processus mais il n'a pas pour objet de définir ce qu'il faut faire ou ce qu'il ne faut pas faire.

Le débat donne lieu, d'une part à un compte-rendu du président de la commission particulière, d'autre part à un bilan du président de la commission nationale.

– Le compte-rendu met en perspective l'ensemble des éléments et des événements du débat. Il doit avoir deux qualités : une présentation logique permettant de faire ressortir le contenu du débat mais aussi une fidélité en quelque sorte photographique de son déroulement. Le compte-rendu rassemble dans ses annexes toute la mémoire du débat : toute contribution est versée au dossier.

– Le bilan du président de la commission nationale, qui est en fait discuté et concerté au sein de cette instance, a pour objectif d'apprécier en quoi et comment le débat a ou n'a pas complètement répondu à son objet, sans chercher à donner une note au projet. Il tente de faire avancer, débat après débat, ce qui pourrait être, à travers une pratique dont il est souhaité qu'elle soit le plus diversifiée possible, la doctrine du débat public.

La loi prévoit par ailleurs que le dossier du débat public est remis à la commission d'enquête lorsque le projet arrivera, en bout de course, au stade de l'enquête d'utilité publique. C'est actuellement le seul lien qui relie le débat au déroulement ultérieur de la procédure. Nous verrons qu'une intégration plus étroite du débat à l'ensemble du cheminement d'un dossier d'équipement public, depuis la décision de le proposer jusqu'à sa réalisation, est un des domaines dans lesquels une amélioration du dispositif actuel est des plus souhaitables.

§ 2. L'EXPÉRIENCE DU DÉBAT PUBLIC ET SES LEÇONS

La CNDP qui, depuis son installation, s'est réunie environ tous les deux mois, a été saisie d'une quinzaine de demandes : dans sept cas, elle a estimé que le projet remplissait à priori les conditions pour qu'un débat puisse être envisagé :

A. QUATRE DÉBATS ONT ÉTÉ EFFECTIVEMENT RÉALISÉS

- De novembre 1997 à mars 1998, sur le projet présenté par le port autonome du Havre, dit *Port 2000*, visant à une restructuration profonde du port.
- De mars à septembre 1998, sur le projet de ligne EDF à très haute tension entre Boutre et Carros, dans la région Provence-Alpes-Côte d'azur.
- D'avril à juillet 1999, sur le projet d'autoroute A32 (doublement de l'autoroute A31 entre Toul et la frontière luxembourgeoise).
- De mars à juin 2000, sur le projet de la branche sud du TGV Rhin-Rhône (ligne ferroviaire nouvelle à usage mixte, voyageurs et marchandises).

Parmi les saisines examinées par la commission, un autre projet remplit les conditions du débat, sous réserve de l'évolution du dossier : celui du contournement autoroutier ouest de Lyon.

Pour deux dossiers, un certain nombre de questions préalables restent à résoudre, notamment en ce qui concerne la compétence du maître d'ouvrage (Aqueduc Rhône-Catalogne, barrage de Charlas).

Si les débats qui se sont effectivement déroulés sont riches d'enseignements, les positions et recommandations qu'a été amenée à formuler la commission sur les saisines auxquelles elle ne pouvait, pour des raisons diverses, donner suite, sont de nature à cerner un certain nombre de réalités et de difficultés. À cet égard aussi, l'expérience de la commission nationale peut se révéler très utile dans l'examen, qui vient de débuter sur un plan interministériel, relatif aux suites à apporter au rapport du Conseil d'État sur l'utilité publique aujourd'hui.

Ainsi la commission a-t-elle été amenée dans deux cas à constater que les conditions n'étaient pas remplies pour l'organisation d'un débat, mais a voulu exprimer au ministère compétent des recommandations sur la nature et la forme des démarches d'information et de concertation à mettre en place. La commission s'assure auprès de ces ministres de la suite donnée à ces recommandations.

B. LES ACQUIS DU DÉBAT PUBLIC

Les enseignements des quatre débats sont convergents, alors que chacune des expériences a été menée dans des conditions très spécifiques, tant en ce qui concerne la nature des projets que la personnalité et les méthodes de travail du président et des membres des commissions particulières qui ont été installées.

1. *Une participation du public importante et motivée*

Dans chaque cas, la participation du public a été importante et motivée. Si au tout début du débat, il apparaît nécessaire de faire un effort pédagogique visant à bien faire comprendre le rôle de la commission qui est d'animer et de faciliter les échanges, de conduire toutes les parties en présence à l'expression la plus complète des informations et des opinions, et non d'exprimer elle-même une position, il apparaît vite que cette fonction de « facilitateur » objectif mais dynamique est volontiers comprise et admise. À la commission de créer les événements : large diffusion du dossier dans le public, organisation de réunions publiques, d'expositions, de tables rondes thématiques où peuvent être appelés à témoigner tous ceux qui peuvent apporter un éclairage au dossier, diffusion pendant la durée du débat d'une lettre périodique envoyée à tous ceux qui en font la demande, permettant de suivre et d'exposer les arguments échangés lors des discussions.

L'opinion apprécie que ce ne soit plus celui qui propose et défend le dossier qui soit en même temps l'organisateur des échanges et le modérateur du débat. Il y avait là, on s'en rend compte, une situation qui entamait la crédibilité des manifestations qu'organisait le maître d'ouvrage pour exposer et soutenir son projet. Si l'opinion se sent ainsi plus libre, c'est également le cas du porteur du projet.

2. *La qualité du dossier, une condition de la qualité du débat*

La qualité du débat implique la clarté, l'accessibilité et la lisibilité du dossier rendu public. Ainsi est apparue l'importance du rôle du président et des membres de la commission particulière dans la phase de mise au point du dossier précédant le lancement du débat.

C'est le maître d'ouvrage qui doit seul prendre la responsabilité des solutions présentées au dossier. Mais la commission est garante de ce que le dossier support a les qualités nécessaires pour permettre de mener le débat sur des bases claires et complètes. Dans les quatre débats qui ont eu lieu, la phase de préparation du débat a été l'occasion d'un dialogue approfondi entre la commission et l'administration ou l'établissement public : ainsi est on arrivé à une notion quasi prétorienne de « validation du dossier ».

La commission s'assure que le dossier puisse être compréhensible par tous les citoyens ; que l'ensemble des aspects permettant de saisir les enjeux soit évoqué, qu'il soit éventuellement fait référence à des études existantes permettant d'apprécier les solutions alternatives, etc. Il s'agit de s'assurer de l'honnêteté et de la compréhensibilité du dossier ; jamais bien entendu de peser sur les conclusions et les choix.

L'expérience a montré également que ce dialogue permettait une incontestable amélioration du dossier et obligeait le maître de l'ouvrage et ses équipes à se préparer dans des conditions nouvelles à ce que peut être le dialogue public autour d'un dossier.

3. *Organiser un débat, une tâche lourde*

Les débats ont permis de mesurer également ce que pouvait être la lourdeur de la tâche dévolue au président de la commission particulière et à la commission elle-même. C'est au moins huit à neuf mois de travail : trois mois au minimum pour la préparation du débat et le travail sur le dossier, quatre mois pour le débat lui-même, deux mois pour rassembler tous les éléments du débat, élaborer le compte-rendu et réunir les éléments qui doivent lui être annexés : car trace doit être gardée de tout ce qui a nourri le débat, des questions qui ont été posées et des réponses qui ont été faites.

On comprend également que la composition de la commission particulière et l'esprit qui l'anime ont une importance évidente : les présidents ont veillé, avec l'aide de la commission nationale, à constituer des commissions composées d'hommes et de femmes de sensibilités et de qualifications diverses, acceptant d'œuvrer selon des principes rigoureux d'indépendance et d'objectivité : de manière générale, se sont retrouvées dans les commissions particulières au moins une personnalité ayant des compétences techniques de haut niveau dans le secteur faisant l'objet du projet ou dans un secteur approchant, une personnalité ayant une expertise dans le domaine de l'environnement, une personnalité ayant une connaissance des problèmes de communication, une autre ayant exercé des fonctions de commissaire-enquêteur. Chaque fois, les commissions particulières ont fait une large place à des personnalités issues de la région où avait lieu le débat.

Cette équipe va collectivement, d'une part tenter, avant le débat, de réagir au dossier de manière à se mettre autant que faire se peut dans l'esprit et l'attente du citoyen, et d'autre part se répartir, pendant le débat, la présence et l'animation de tous les événements.

4. *Présider à un débat public, une responsabilité déontologique*

Le législateur s'est montré optimiste quand il a décidé que chaque débat devait être présidé par un membre de la commission nationale : la manière même dont elle est constituée empêche en fait près de la moitié de ses membres d'avoir soit la disponibilité, soit la possibilité déontologique de présider à un débat public : c'est ainsi que les parlementaires ou présidents d'exécutifs territoriaux ne peuvent envisager ce type de responsabilité.

De même, les membres choisis pour les responsabilités qu'ils ont exercées dans des associations agréées d'environnement ont estimé ne pas devoir accepter cette responsabilité. La mission qu'ont remplie successivement Jean-Luc Mathieu, conseiller-maître à la cour des comptes, Gérard Porcell, vice-président du tribunal administratif de Paris, Reine-Claude Mader-Saussaye, secrétaire générale de la confédération du logement et du cadre de vie, et Charles Gosselin, conseiller d'État honoraire, a été, de leur propre aveu, plus que prenante même s'ils l'ont aussi estimée passionnante.

Tous les quatre sont membres de la commission nationale. Cela pourra, à l'avenir, ne plus être le cas. Après déclassement par le Conseil constitutionnel de la disposition législative qui faisait obligation de choisir les présidents parmi les membres de la commission nationale[6], le gouvernement a pris un décret en Conseil d'État[7] élargissant les possibilités de choix parmi des personnalités qui ne sont pas

6. Décision n° 99-184 L du 18 mars 1999.
7. Décret n° 99-630 du 21 juillet 1999.

membres de la commission nationale. Ainsi a été évité ce qui aurait pu devenir une paralysie de la commission.

5. *Réunir les expertises nécessaires au débat avant de le lancer*

Nous avons vu que la commission particulière devait veiller à ce que soient réunis les éléments constitutifs du débat, avant même son lancement : caractère complet du dossier, préparation des divers événements et outils qui permettront de répondre à la demande des citoyens, possibilité de faire appel pendant son déroulement à toute information extérieure susceptible d'apporter des éléments utiles.

La loi permet également à la commission particulière de demander à la commission nationale de prolonger la procédure pendant deux mois pour permettre une expertise complémentaire. En cours de débat, les demandes d'expertises complémentaires sont fréquentes. Lors du débat Boutre-Carros, cette possibilité a été utilisée, et cela a été un apport appréciable, pour demander à un organisme extérieur de rassembler des éléments d'information sur une question qui était souvent posée. Cette possibilité ne sera pourtant que très rarement utilisée. Il est en effet illusoire, sauf exception, de penser qu'un délai de deux mois permette une étude complémentaire déterminante. C'est pourquoi, sans bien entendu renoncer *a priori* à la possibilité ouverte par la loi, la commission nationale estime que c'est la période précédant le débat qui doit être utilisée, et éventuellement prolongée, pour permettre les études complémentaires qui seraient nécessaires.

De manière générale, il est apparu à la commission que le délai de quatre mois est effectivement une durée optimum, voire maximum, pour que le débat garde un rythme garantissant son efficacité. L'expérience montre que le débat a besoin de quelques jours pour trouver sa vitesse de croisière. Il bat son plein pendant deux ou trois mois. Sa poursuite est ensuite guettée par la répétition inutile des arguments et des échanges.

6. *Le débat, un élément du processus de décision*

En quoi le débat a-t-il été un élément du processus de décision ? Dans le débat, ce n'est pas la conclusion formelle qui compte, mais le fait du débat lui-même, qui modifie assez profondément le contexte dans lequel les décisions définitives seront prises.

Une des difficultés qu'ont connues trois des quatre débats publics organisés vient de ce que, le débat, tant en ce qui concerne Boutre-Carros que l'A32, est intervenu alors que le projet avait déjà connu des vicissitudes et des essais tâtonnants d'information du public. Le débat pouvait alors apparaître comme une épreuve de rattrapage parce que, dans l'histoire antérieure du projet, il n'y avait pas eu concertation, ou pas suffisamment, ou pas dans des conditions en garantissant l'objectivité : même avec ces handicaps, le débat a apporté aux auteurs des projets des éclairages intéressants. Des questions mal cernées ou considérées comme secondaires ont été mises en lumière.

Les concepteurs sont amenés à constater que des solutions qui leur paraissaient indiscutables pouvaient être remises en question ; que des correctifs auxquels ils n'avaient pas songé lors de leurs études en circuit technique pouvaient être apportées et donner satisfaction à la demande sociale tout en ne nuisant pas au projet. On peut même estimer que la concertation en amont est susceptible d'enrichir le travail de l'ingénieur en l'invitant éventuellement à intégrer des données nouvelles à son projet. La « commande » du projet devient plus complexe : il ne s'agit pas seulement de répondre à la demande du commanditaire mais de chercher le meilleur compromis entre les exigences fonctionnelles et financières du décideur et les exigences du public, qui peuvent se révéler souvent légitimes.

Le débat public sur la branche sud du TGV Rhin Rhône a été un vrai débat amont. Les études menées n'ont pas figé la solution : elles ont cerné les options essentielles possibles. À partir de là, le débat peut aider aux choix.

C. LES PROGRÈS SOUHAITABLES

Le débat public a également montré ses limites à travers deux insuffisances essentielles :
– le moment du débat est trop aléatoire,
– le débat n'est pas suffisamment intégré dans le cheminement technique, administratif et juridique du dossier.

Il faudrait y ajouter les questions relatives au financement du débat, actuellement mis à la charge du maître d'ouvrage.

1. Le temps du débat

Le moment du débat public est actuellement lié à l'intervention de l'acte que constitue la saisine.

Il y a un moment souhaitable pour le débat amont dans la logique d'un projet ; or la saisine est effectuée non en fonction de cette logique, mais trop souvent de la connaissance que le public a de l'existence d'un projet.

Cette connaissance est souvent en aval de décisions qui, y compris sur le plan juridique, rendent le débat impossible ou trop tardif. Ainsi, pour le projet d'extension des pistes de l'aéroport de Satolas, la publication au *Journal Officiel* de la prise en considération du projet constitue la décision à partir de laquelle – en application du décret du 10 mai 1996 – le débat public ne peut plus être organisé.

Pour ce qui est des grands projets d'infrastructures, c'est la conception même du calendrier du projet qui devrait intégrer le moment du débat dans la « fenêtre » la plus favorable : c'est-à-dire lorsque le maître de l'ouvrage peut faire connaître avec suffisamment de précisions les grandes options et principales caractéristiques du projet qu'il veut mener à bien, mais avant que les choix ultimes n'aient été faits. C'est sans doute dans un dialogue systématique entre les grands maîtres d'ouvrage publics et l'instance organisatrice des débats que devrait être choisi et déterminé ce moment du débat.

À cet égard les propositions du Conseil d'État apportent une innovation essentielle en intégrant systématiquement dans le processus de décision des grands projets la concertation en amont.

2. *L'intégration du débat dans le processus de décision*

Le débat actuel intervient à une période qui n'est pas nécessairement la plus utile. Sa conclusion n'entraîne aucune conséquence autre que la remise du dossier, le moment venu, à la commission d'enquête. Quelle suite sera donnée dans le projet aux questions posées, aux problèmes évoqués ? Quelle forme prendront les engagements pris ? Dans quel délai ?

Autant doit être, selon nous, rigoureusement maintenu le principe selon lequel l'instance organisatrice du débat ne doit pas prendre position sur le fond du dossier, autant faut-il que l'événement qu'a été le débat ne soit pas refermé comme une parenthèse, une fois le débat achevé.

Là aussi, les propositions du Conseil d'État en demandant la transformation de la CNDP en instance garante des engagements du maître d'ouvrage, ouvre une étape essentielle. Le but est que, le débat achevé, le maître de l'ouvrage, éclairé également par ce que devront être les nouvelles modalités de l'instruction, puisse, dans une sorte de cahier des charges, préciser en toute liberté les conclusions qu'il tire du débat et les engagements qu'il prend. L'instance garante pourrait alors tout au long du processus conduisant à l'utilité publique du projet, jouer un rôle d'interface entre l'opinion et le décideur, s'assurer que le processus est bien conduit conformément aux engagements pris, donner un cadre de réponse au cas où des questions, nouvelles par rapport au débat public, se poseraient. Il nous semble qu'une telle formule est susceptible d'être un facteur à la fois de progrès et d'apaisement et est une garantie utile tant pour l'opinion (et les associations qui s'en font le porte-parole), et le maître d'ouvrage.

§ 3. UNE DOCTRINE DU DÉBAT PUBLIC ?

En installant le 4 septembre 1997 la commission nationale du débat public, la ministre chargée de l'environnement se posait la question de savoir si la formule mise en place ne pourrait être utilisée au-delà des seuls grands projets d'infrastructure pour certaines grandes problématiques contemporaines relatives aux choix de société, aux schémas d'équipement, etc.

L'expérience du débat public a montré à quel point, sur les sujets qui appellent l'interrogation publique, l'existence d'une instance de débat dont l'indépendance ne soit pas contestée pouvait constituer le cadre attendu des discussions et échanges sans lequel il ne peut y avoir d'acceptation sociale des choix politiques. Cela dit, la forme du débat public ne doit pas entrer dans un cadre préexistant unique, et la CNDP ne nous paraît pas une instance normalement destinée à organiser d'autres débats que ceux pour lesquels elle a été créée.

En revanche, tous les contacts pris, tant sur le plan national qu'international, les évolutions des législations et pratiques dans les pays les plus développés, le nombre de réflexions, initiatives, colloques tournant autour de la notion de concertation avant prise des décisions publiques montrent combien nous sommes au cœur d'une des problématiques contemporaines les plus constantes : les citoyens ressentent le besoin d'une capacité organisée d'expression sur les problèmes susceptibles d'intéresser directement leur vie quotidienne. Il ne faut pas se tromper dans les réponses à y donner. Préservons en ce domaine la diversité des expériences : débat public, conférences de consensus, formes multiples de concertation.

Il ne faut pas concentrer les solutions sur une expérience unique ; mais il serait utile de confronter les expériences pour en tirer un certain nombre de principes et de pratiques communs : au cours des derniers mois, la question de la concertation en amont a souvent été posée ou proposée selon des termes où l'on rencontre de nombreux points de rapprochement : nous pensons par exemple à la mise en place d'une commission auprès de l'Agence nationale pour la gestion des déchets radioactifs (ANDRA)[8] dans le domaine de la recherche des sites susceptibles d'accueillir les déchets nucléaires, ou aux propositions intéressantes du rapport « Dauge » sur la prévention des risques naturels[9]. Les échanges que nous avons avec certains pays étrangers et notamment avec le BAPE, le bureau des audiences publiques de l'environnement du Québec, manifestent à quel point nous nous rencontrons sur des interrogations communes, même si les solutions à apporter dans des contextes juridiques, politiques et géographiques très différents ne conduisent évidemment pas à des formules uniques et reproductibles.

Essayons de résumer ce que pourraient être quelques éléments de base de ce code commun de principes et de pratiques de la concertation en amont, tels du moins qu'ils peuvent apparaître adaptés à notre pays :

1. Faire la typologie des grandes décisions publiques nécessitant l'organisation d'une concertation en amont.
2. Confier l'organisation des débats en amont à une instance collégiale et indépendante dont le rôle n'est pas de trancher le débat mais de s'assurer du caractère complet et honnête des échanges.
3. La responsabilité des choix présentés et proposés doit relever des décideurs politiques : l'instance garante doit être à même de s'assurer que l'ensemble des éléments d'information susceptibles d'éclairer les choix soit bien mis à la disposition du public.
4. Une règle du jeu, fixée d'avance, doit permettre de savoir dans quelles conditions, sous quelle responsabilité et dans quel délai seront prises les décisions concluant le débat : ces décisions peuvent évidemment se traduire par un report, par l'exigence de réflexions plus poussées, voire par l'abandon d'un projet, comme par son amendement ou son maintien. Mais l'opinion a le droit de connaître de manière non équivoque la suite — ou la non suite — donnée à la concertation à laquelle on l'a invitée. On ne peut inviter l'opinion à débattre et ensuite oublier qu'il y a eu débat.
5. Il ne peut y avoir de concertation sans son suivi : l'opinion invitée à débattre doit savoir dans quel cadre elle peut s'assurer que les engagements pris sont tenus, adaptés, modifiés.

8. Le statut et les missions de l'ANDRA sont définis par la loi n° 91-1381 du 30 décembre 1981, dite loi Bataille, relative aux recherches sur la gestion des déchets radioactifs. Le décret n° 99-686 du 3 août 1999, pris pour l'application de l'article 14 de la loi, définit la composition des « comités locaux d'information et de suivi » créés sur le site de chaque laboratoire souterrain.

9. Yves Dauge, député-maire de Chinon, *Rapport au Premier ministre sur les politiques publiques de prévention des inondations*, remis en octobre 1999, disponible sur le site internet du ministère de l'Environnement.

6. L'instance de concertation et de suivi doit être séparée de l'instance de décision et ne pas être à même d'empiéter sur les prérogatives de cette dernière. Dans la démocratie participative, le droit de savoir et de dire ne doit pas aboutir à la confusion quant au droit de décider ; ce dernier appartient aux instances légitimes de la démocratie représentative. Pour être utile, la concertation doit s'exercer dans un cadre qui implique à la fois des droits et des limites.

Dans le cadre de ces orientations, on doit récuser l'opinion selon laquelle la concertation en amont serait une fuite devant les responsabilités ou l'alibi pour enterrer les projets.

Certes, la procédure est exigeante. Un débat sur un projet mal préparé peut être dommageable pour celui qui l'a lancé, et on ne peut substituer une information ou une promotion brillantes à un débat. Mais si l'on sait accorder à la concertation en amont sa place, écouter ce qui ressort du débat, on améliore le projet et on évite les blocages ultérieurs, sources de coûts financiers, politiques, économiques et sociaux. Bien souvent, le temps qu'on veut gagner en brûlant les premières étapes se paie cher ; et il se paie aussi en temps perdu.

Le débat assumé au moment où il doit l'être permet en revanche de mener ensuite les étapes du dossier d'un pas plus assuré et d'éviter à temps des erreurs parfois irréversibles.

La concertation en amont est une exigence contemporaine de la démocratie ; elle est aussi une condition de l'efficacité. Elle oblige chacun à être meilleur : le décideur quand il doit faire comprendre ses choix, l'ingénieur quand il doit défendre ses solutions techniques, l'opposant qui ne peut plus se contenter d'une orchestration bruyante de l'indignation et du procès d'intention, mais doit dire lui aussi le pourquoi et le comment des solutions qu'il préconise.

L'EXPÉRIENCE DU DÉBAT PUBLIC « PORT 2000 »

*Jean-Luc Mathieu **

Face à un développement très rapide du trafic de conteneurs, l'extension du port du Havre, premier port français pour le trafic de conteneurs, est apparue au cours des années quatre-vingt-dix capitale pour son avenir. Cela a donné naissance au projet *Port 2000* proposé en 1996 par le Port autonome du Havre (PAH). Compte tenu des enjeux tant économiques qu'environnementaux, le ministre de l'Environnement et le ministre des Transports ont demandé conjointement en 1997 l'organisation d'un débat public, comme le prévoit la loi dite loi *Barnier* pour *« les grandes opérations publiques d'aménagement d'intérêt national présentant un fort enjeu socio-économique ou ayant un impact significatif sur l'environnement »*.

Ce projet allait constituer la première application de cette nouvelle modalité de concertation autour des projets de grands équipements publics d'infrastructures. Cela a donné au débat une dimension particulière, d'autant que le législateur a voulu, en raison du caractère novateur de la procédure, laisser une grande place à l'expérimentation.

Quelles remarques peut-on tirer de cette première expérience au regard du rôle des services de l'État et des comportements de l'administration confrontée avec cette nouvelle forme de débat public, à l'exigence démocratique ? Nous proposons de regrouper celles-ci en six grandes familles.

1. Faire que l'administration – dans le cas précis un établissement public – **sans rien abandonner de sa compétence, descende de son piédestal de maître d'ouvrage « sachant »**, et exprime sa pro-

---

* Conseiller-maître à la Cour des Comptes, membre de la commission nationale du débat public. Jean-Luc Mathieu a présidé la commission particulière chargée d'animer et de suivre le premier débat public organisé en application de la loi du 2 février 1995 relative au renforcement de la protection de l'environnement, débat public qui concernait le projet d'extension du port du Havre.

blématique, ses préférences et ses choix dans des termes compréhensibles à des intelligences moyennes ayant un niveau moyen de connaissance (entre BEPC et bac). Concrètement cela signifie de ne pas avoir recours à des mots ni à des expressions techniques complexes, pas plus qu'à des raisonnements introduisant un calcul mathématique plus complexe qu'une règle de trois.

Le rôle de la commission particulière est d'y veiller en guidant le maître d'ouvrage dans l'élaboration de son dossier puisqu'il est le responsable de la présentation de « son » projet.

La commission particulière doit aussi, en dialogue avec l'administration maître d'ouvrage, veiller à la sincérité du dossier.

L'exigence démocratique, à ce stade, c'est d'*amener l'administration à s'exprimer simplement* à l'égard de ceux qu'elle doit servir, c'est faire, pour pousser l'expression un peu loin, qu'on ait une « administration citoyenne ».

2. Faire que l'administration accueille et prenne en compte des contre-projets.

Dans le cas de *Port 2000*, sept options ont été présentées par le Port autonome du Havre (PAH), qui estimait que deux seulement pouvaient répondre à ses préoccupations et à ses responsabilités entendues au sens administratif du terme.

La commission particulière a reçu plusieurs contre-projets. Pour qu'ils soient soumis au débat dans des conditions le moins possible biaisées, elle a demandé à un service administratif, le Service technique central des ports maritimes et des voies navigables, d'évaluer techniquement et financièrement les contre-projets, à la même aune que celle utilisée pour les projets du maître d'ouvrage et bien que les délais n'aient pas permis d'y consacrer le même soin.

Cette procédure préjuge inéluctablement de l'impartialité de l'administration appelée à donner son expertise, car rien, en pays démocratique, ne doit faire douter de cette impartialité.

La présentation au public des contre-projets a été faite non seulement par leurs auteurs mais aussi par les responsables du PAH dont les compétences, dans leur domaine technique, n'ont pas été mises en cause par les participants au débat.

L'exigence démocratique, à ce stade, c'est d'*accepter la « valeur ajoutée » par des experts de l'administration sans avoir de raison de les mettre en doute*, sur leur propre terrain.

3. Faire que chaque administration n'ait pas pour préoccupation exclusive la part d'intérêt général qu'elle est institutionnellement chargée de représenter.

De même que chaque citoyen se doit d'essayer d'intégrer dans sa réflexion et dans ses choix les différents aspects de l'intérêt général, il est souhaitable – mais est-ce possible ? – que chaque administration intègre la diversité des champs dans lesquels s'exprime un intérêt général généralement complexe.

Dans le cas de *Port 2000*, il convenait que le PAH et/ou la direction des Ports intègrent la préoccupation de sauvegarde de la diversité biologique dans leur préoccupation majeure qui est de concevoir des équipements techniquement adaptés aux nécessités d'un transport compétitif et au moindre coût. Mais il fallait aussi que les services de l'environnement intègrent les problèmes de la création d'emplois, donc de valeur ajoutée, dans la planification de la protection des espaces.

Cette évolution est étroitement liée à l'aptitude de chaque agent public à intégrer, en tant que citoyen, des préoccupations qui débordent de la parcelle qui a été découpée et confiée à son administration dans le vaste champ des manifestations diverses de l'intérêt général.

L'exigence démocratique, ici, c'est de demander aux agents publics d'être capables d'effectuer, chacun, une synthèse des différents aspects de l'intérêt général.

4. Faire que les administrations répondent, en toute liberté, aux questions qui émergent lors du débat.

Un projet d'équipement lourd conduit – c'est l'objectif même de la loi Barnier – inéluctablement à des questions dont le Ministère chargé de l'environnement a la responsabilité de base, dans l'appareil d'État, mais aussi à des questions qui peuvent concerner l'aménagement du territoire, les finances publiques de l'État, divers ordres de collectivités territoriales et d'entreprises publiques... La question se pose : comment obtenir des réponses ?

Pour le port du Havre, l'écueil a été important et pour des raisons que l'on risque de retrouver de façon assez générale. En effet, tant qu'un projet n'a pas fait l'objet d'une prise en considération et n'a, par conséquent, pas été décidé au niveau politique, on se heurte à une sorte de « tétanisation », légitime, des administrations, centrales et déconcentrées. Elles se sentent, parfois techniquement (faute d'étude du problème), toujours politiquement (faute de « feu vert »), incapables de donner des avis s'écartant de la ligne politique, technique et financière fixée et qu'elles ont pour mission de promouvoir et d'exécuter.

Dans le cas de *Port 2000*, il n'est pas ressorti grand chose d'une réunion organisée par la Commission Particulière, sous la houlette d'un Préfet de région, réunissant les responsables d'un certain nombre de services déconcentrés. Ultérieurement, il a, par exemple, été extrêmement difficile d'obtenir, des services administratifs chargés de l'environnement des avis sur ce que pourraient être les conséquences biologiques et juridiques (dans le face à face de l'État avec l'Union européenne) d'un empiétement potentiel du Port sur une zone de protection spéciale (ZPS), ces services ne s'estimant pas habilités à s'exprimer sur les conséquences que pourraient avoir un hypothétique changement de la ligne politique suivie par leur ministre.

Il faut obtenir que les personnes considérées comme expertes, dans l'administration ou en dehors d'elle, puissent se soumettre à un débat contradictoire indispensable pour faire apparaître les incertitudes ou les insuffisances qui sont souvent masquées ou atténuées lorsque chaque expert procède à un exposé isolément.

Dans le cas précis, il était utile de faire dialoguer les experts du ministère de l'Environnement, de l'IFREMER, de la Sogreah, du Service Technique des Ports et des universitaires réunis dans la Maison de l'Estuaire pour mieux cerner les degrés de certitude et d'incertitude parmi l'ensemble des avis techniques présentés.

Dans ce domaine de l'expertise, on doit envier la situation qui prévaut au Québec à un double titre :
– d'une part, le Bureau des audiences publiques sur l'environnement (BAPE), cousin de la CNDP, est un organisme doté d'administrateurs à compétences techniques diverses ;
– d'autre part et surtout, un certain nombre de fonctionnaires sont officiellement désignés pour mettre leurs compétences au service de ce qui tient lieu de débat public et pour y donner des avis sur des projets que leurs administrations n'ont pas fait leurs et même auxquels elles sont susceptibles de s'opposer.

Au Québec, il y a donc un mécanisme tentant de mettre en œuvre, ce qui peut paraître le paradoxe, une « expertise d'État indépendante ». En France, *l'absence de statut officiellement indépendant des experts de l'administration est une des faiblesses face à l'exigence démocratique.*

5. Faire que les administrations acceptent de pouvoir remettre en cause certains aspects de leurs logiques de gestion car les logiques, notamment budgétaires, étroitement comprises, peuvent détourner des choix optimaux.

Il faut illustrer le propos. Le PAH est un établissement public qui doit à la fois satisfaire une clientèle et viser à l'équilibre annuel de ses comptes de résultats. L'intérêt général peut conduire à mieux utiliser des quais et les bassins, impliquant des négociations avec les utilisateurs et des restructurations internes et non à reporter intégralement sur des investissements nouveaux, avec de nouveaux financements et sur de nouveaux espaces, la solution des nouveaux problèmes.

L'existence de personnes morales telles que les établissements publics avec leurs contraintes financières, s'ajoutant au découpage de l'administration entre une pluralité d'administrations, avec chacune ses contraintes budgétaires, multiplie *les zones d'ombre que l'on cache au débat citoyen pour tenter d'en conserver le secret, donc la maîtrise. L'exigence démocratique attend, de ce côté, plus de transparence.*

6. Apporter au pouvoir politique des éléments de décision résultant du débat démocratique.

Un débat public, temps fort de la vie démocratique, doit permettre la libre expression des opinions sans qu'aucune ne puisse monopoliser la parole. Il doit permettre à chaque citoyen – en particulier lorsqu'il aborde le débat, certain de porter une vérité (dictée soit par son intérêt privé, soit par sa vision de l'intérêt général) – d'ouvrir sa réflexion aux opinions d'autrui pour prendre conscience de ses erreurs ou pour intégrer de nouvelles préoccupations et faire évoluer ses approches originelles du problème posé.

Ce que le législateur n'interdit pas et que nous croyons utile, c'est que le débat permette de dégager éventuellement une solution de compromis entre les intérêts particuliers et généraux qui sont en cause.

L'exigence démocratique ce n'est pas seulement de pouvoir s'exprimer librement. C'est *aussi* de *faire émerger les compromis indispensables pour « vivre ensemble ».* Si un débat public permet de dégager les axes d'une solution répondant plutôt bien ou pas trop mal à la diversité des contraintes, c'est un facteur positif. Il nous semble que, dans le silence de la loi, c'est ce à quoi les commissions particulières, gérant les débats publics, peuvent viser. Ainsi, le résultat d'un processus de démocratie participative, vient-il constituer le socle sur lequel les institutions de la démocratie représentative doivent bâtir leur décision.

CHAPITRE 3
L'AMÉNAGEMENT EN DÉBATS

Les conflits portant sur de grands projets d'aménagement ont été à l'origine, au milieu des années 1990, de l'institutionnalisation d'un débat public en amont de la décision. Limités aux grands équipements, ces débats ne sont qu'un aspect, le plus visible, de la nécessaire concertation sur les projets d'aménagement à engager par l'administration et les grands maîtres d'ouvrage publics avec les élus, les représentants des intérêts socio-économiques, les associations et le grand public. Vingt ans après la décentralisation, l'État ne peut plus, en effet, s'arroger un monopole en matière de décision. Désormais, la déclaration d'utilité publique doit permettre l'arbitrage entre des intérêts publics multiples, en fait aussi légitimes que divergents.

Où en est l'élaboration concertée des projets, qui paraît être, dans le secteur de l'aménagement, un objectif partagé par tous les acteurs ? Les jugements sur l'état des lieux ou la manière de l'améliorer n'en sont pas pour autant identiques, selon que l'on est responsable de l'administration, élu ou associatif. Dans ce chapitre, différents protagonistes des décisions d'aménagement présentent leur point de vue.

Les principes de la concertation dessinent-ils un nouveau cadre pour prendre les décisions et conduire les politiques publiques, transformant alors les manières de faire de l'administration et des services publics ? En conclusion du chapitre, sont présentés les travaux du Conseil d'État en vue d'une prochaine réforme de l'utilité publique.

LE DÉBAT PUBLIC DANS LES PROJETS ROUTIERS : RESTAURER LA CONFIANCE ENTRE L'ÉTAT ET LE PUBLIC

*Patrick Gandil * et Claire de Mazancourt ***

Les procédures préalables à la construction des projets routiers sont décrites par des circulaires du ministre de l'Équipement. Celles-ci prévoient plusieurs phases, marquées par des décisions successives, qui permettent d'affiner et de préciser le projet jusqu'au choix du tracé définitif. Les décisions qui marquent l'avancement d'un projet routier font se succéder : l'inscription du projet de liaison dans les schémas de service, la définition du « fuseau du kilomètre » à l'issue des études dites « préliminaires », la définition de la bande des 300 m à l'issue des études d'avant-projet sommaire, enfin la déclaration d'utilité publique. Après la déclaration d'utilité publique se déroule la phase de définition ultime et de construction du projet.

Chacune de ces décisions est précédée de consultations, avec des interlocuteurs différents selon le niveau de définition du projet. Ainsi l'inscription aux schémas de service se fait après concertation avec les régions concernées et consultation des institutions régionales et nationales. La définition du fuseau du kilomètre se fait après consultation des administrations, des élus et des responsables économiques concernés. La définition de la bande des 300 m fait elle aussi l'objet d'une consultation auprès de ces mêmes interlocuteurs. Enfin, avant la déclaration d'utilité publique, le projet est soumis à une instruction mixte à l'échelon local ou central et à une enquête publique.

À ces consultations viennent s'ajouter les mesures prévues d'une part par la circulaire n° 92-71 du 15 décembre 1992 relative à la conduite des grands projets nationaux d'infrastructures, dite « circulaire Bianco », puis par l'article 2 de la loi n° 95-101 du 2 février 1995 relative au renforcement de la protection de l'environnement, dite

* Directeur des Routes au ministère de l'Équipement, du Logement et des Transports.
** Ingénieur en chef des ponts et chaussées à la direction des Routes.

« loi Barnier ». La circulaire Bianco prévoit, avant les études de tracé proprement dites, un débat sur les grandes fonctions de l'infrastructure dans une approche intermodale. Dans le même esprit, la loi Barnier prévoit un débat sur les objectifs et les caractéristiques principales des grandes opérations d'aménagement d'intérêt national, sous la responsabilité cette fois de la commission nationale du débat public.

§ 1. LE DÉBAT PUBLIC : UN TRIPLE RÔLE D'INFORMATION, DE CONCERTATION, DE PRISE DE DÉCISION

Comme on le voit, l'élaboration des projets routiers fait l'objet de consultations en cascade, qui s'enchaînent selon une procédure de type « poupées russes » : plus le projet se précise, plus la consultation se rapproche du terrain, jusqu'à l'enquête parcellaire, dans laquelle la négociation se fait avec chacun des propriétaires des terrains touchés par l'infrastructure.

Pour mieux juger de l'efficacité et de la pertinence de ce mécanisme de consultations et en particulier de l'enquête publique préalable à la déclaration d'utilité publique, il est indispensable de réfléchir au rôle effectif de ce débat public, qui dépasse aujourd'hui largement sa définition juridique.

Aujourd'hui, ce rôle est triple :

– le débat public est un moment d'information du public sur un projet qui va influer directement sur sa vie quotidienne ;

– le débat public est une situation d'échanges entre les parties intéressées, d'amélioration et d'évaluation des enjeux du projet ;

– le débat public est le lieu où se mesurent les intérêts particuliers qui doivent être pesés au regard de l'intérêt général du projet.

C'est ce triple rôle qui fait du débat public un élément clé de la qualité du projet et de son acceptation par les personnes concernées.

A. LE DÉBAT AVEC LE PUBLIC, UN MOMENT D'INFORMATION DU PUBLIC

Le premier effet du débat public est la mise à disposition du public de documents présentant le projet. Ces documents sont aussi précis que le permet l'état d'avancement des études.

Cette occasion qui est donnée à l'administration de présenter son projet au public est d'une grande importance. Jusqu'au débat public, les informations qui sont diffusées vers le public sont fragmentaires, divulguées au hasard des déclarations d'élus ou de responsables économiques et des articles de journalistes. Le public ne peut avoir accès à un véritable dossier permettant une présentation détaillée et circonstanciée. Lors du débat public en revanche, l'administration peut présenter des documents qui permettent au public d'approfondir sa connaissance du dossier et au débat de porter sur des éléments précis.

C'est aussi le moment où, sur la base de ces documents de référence, peuvent s'exprimer, de façon publique, les différentes expertises. Ce doit être l'occasion pour le maître d'ouvrage, non seulement de donner les précisions techniques qui permettent à chacun d'avoir une première approche de l'impact de l'infrastructure sur sa vie quotidienne, mais aussi de faire comprendre les tenants et les aboutissants du projet et les conséquences des choix qui seront faits, en termes de fonctionnalité de l'infrastructure, mais aussi de financement, de délais, de procédures. Le dossier présenté par l'administration doit être exemplaire d'objectivité, de rigueur et de précision.

B. LE DÉBAT AVEC LE PUBLIC, UNE SITUATION D'ÉLABORATION ET D'ÉCHANGES SUR LE PROJET

Tout au long de la procédure, les consultations menées au niveau local comme au niveau central auprès des élus, des responsables économiques, des responsables des autres administrations, ont pour objet d'identifier les contraintes et aspirations de l'ensemble des intervenants. L'élaboration du projet se fait alors en tenant compte au mieux de ces contraintes et aspirations, afin de choisir le meilleur parmi les différents projets envisageables.

Le débat public doit s'inscrire dans la continuité de cette démarche. Il crée une situation de dialogue entre les maîtres d'ouvrage et les riverains du projet. Il n'est pas un simple cahier de doléances, il doit permettre l'amélioration du projet. Dans ce cadre, le ministère de l'Équipement dispose de l'atout que lui confère l'étendue de ses attributions, qui lui permet de bâtir des projets cohérents en termes globaux d'aménagement du territoire.

L'exemple de l'agrandissement de l'aéroport de Roissy est à cet égard particulièrement intéressant. Dans ce cas, le débat public a permis, sinon de satisfaire l'ensemble des participants, du moins de sortir de l'impasse dans laquelle se trouvait le maître d'ouvrage face à l'opposition forte des riverains. La solution adoptée prend la forme d'un projet d'aménagement global qui, s'il ne peut éliminer toute nuisance sonore, permet aux riverains de bénéficier, en contrepartie, d'avantages économiques liés à l'essor de cet aéroport, avec en particulier l'amélioration de l'accessibilité au bassin d'emplois ainsi créé. Par ailleurs, les transporteurs aériens se sont vu imposer des contraintes environnementales sans précédent.

Le temps et l'énergie qui ont été consacrés par l'ensemble des partenaires au débat public ont permis de revenir sur un certain nombre d'idées préconçues ou de non-dits qui entachaient le débat et de faire connaître les contraintes respectives de chaque partie. Ils ont aussi permis de manifester le respect dû par le maître d'ouvrage aux avis exprimés.

Ceci suppose un effort important d'ouverture et de dialogue entre les partenaires : la procédure de l'enquête publique ne doit pas être considérée comme un simple point de passage obligé vers la déclaration d'utilité publique mais bien comme une étape utile à l'amélioration du projet et à son acceptation par le public.

Ainsi pratiqué, le débat public est bel et bien un débat démocratique, en ce qu'il doit permettre au public, non seulement de s'exprimer, mais aussi de participer à l'amélioration du projet.

C. LE DÉBAT AVEC LE PUBLIC, UN OUTIL D'APPRÉCIATION DES INTÉRÊTS PARTICULIERS

Enfin, le débat public permet, non pas d'évaluer l'intérêt public, mais bien les divers intérêts particuliers mis en cause.

La procédure de débat et de concertation préalable à la construction d'infrastructures routières prévoit plusieurs niveaux de débat, du débat amont sur le principe de la liaison à l'enquête publique elle-même. À chacun de ces niveaux correspond une approche particulière des intérêts concernés : intérêts nationaux, régionaux, locaux, macroéconomiques, microéconomiques ou des particuliers... Chacune de ces approches a sa légitimité et les intérêts qui se manifestent doivent être pris en compte, même dans le cas où ils visent à une remise en cause de décisions prises dans la phase précédente. C'est ainsi que le débat public permet une connaissance large des intérêts particuliers.

En revanche, tel qu'il est actuellement organisé, le débat public ne permet pas de mesurer l'intérêt général du projet car les bénéficiaires de l'infrastructure ne sont pas invités à s'exprimer : les personnes qui répondent aux enquêtes publiques sont les personnes concernées localement par les infrastructures alors que les infrastructures routières nationales sont aussi (et surtout pour les infrastructures du réseau national) destinées à être utilisées par des usagers en transit. De plus, comme lors de toute consultation, les personnes qui s'expriment sont essentiellement les personnes mécontentes.

C'est pourquoi l'enquête publique reflète les intérêts particuliers affectés par le projet et non l'intérêt général ou l'utilité publique, évalués par ailleurs, grâce aux études d'impact et aux évaluations socio-économiques, et déjà identifiés au moment où l'État propose un projet d'infrastructure au débat public.

D. LE DÉBAT AVEC LE PUBLIC, UNE PROCÉDURE À RENDRE PLUS EFFICACE

En matière d'infrastructures routières, l'organisation de débats publics efficaces et la confrontation entre les avantages et inconvénients des projets sont rendues particulièrement difficiles par l'ampleur du projet. Ainsi, s'il est facile d'identifier, voire de réunir les personnes concernées par la construction d'une déviation de commune par exemple, le problème est tout autre lorsqu'il s'agit de réfléchir sur un grand axe de transit ou sur des décisions susceptibles d'affecter toute une région.

Deux exemples pour illustrer cette difficulté : le sillon rhodanien ; les Alpes. Dans le sillon rhodanien, nous nous trouvons aujourd'hui confrontés à la saturation des infrastructures existantes. Nous devons étudier des solutions à cette saturation : report modal, construction de nouvelles infrastructures sur le même axe, construction de nouvelles infrastructures plus éloignées, proposant une nouvelle desserte des territoires… Dans les Alpes, le problème n'est pas celui de la saturation des infrastructures mais du rejet, par la population, du transport routier et de ses conséquences en termes d'environnement.

Dans les deux cas, la population concernée par les infrastructures elles-mêmes se compte en centaines de milliers de personnes ; la population intéressée par l'usage de ces infrastructures est quasiment européenne. Dans ces deux cas, l'intérêt général avéré est de traiter une situation qui devient rapidement intolérable. Il faut dès lors évaluer et optimiser les conséquences sur les intérêts particuliers, des décisions d'aménagement qui seront prises, voire, quoique le terme soit rarement prononcé, imaginer la mise en œuvre de mesures compensatoires.

L'outil de la connaissance de ces intérêts particuliers est le débat public. Comment le mener efficacement ?

§ 2. PROCÉDURE ET CULTURE, QUELLES ÉVOLUTIONS POUR RÉPONDRE À « L'EXIGENCE DÉMOCRATIQUE » ?

Comme on l'a vu, la mise en œuvre de projets d'infrastructures routières est soumise à des procédures précises et le bon déroulement du débat public conditionne la qualité des projets retenus. Aujourd'hui, le public remet en cause l'efficacité et la pertinence d'un certain nombre de ces procédures ou la façon dont elles sont menées.

Les reproches qui sont faits à l'administration sont de trois types. D'abord, le public se sent mis devant le fait accompli car il est consulté à un moment où non seulement le principe mais aussi le tracé de la liaison sont déterminés. Il craint également d'être consulté sur la base de dossiers tronqués, voire truqués. Enfin, le public reproche aux décideurs de ne pas tenir compte des avis exprimés lors des enquêtes publiques.

La réponse à ces insatisfactions passe par des évolutions de procédure, déjà largement entamées, des évolutions culturelles au sein même de l'administration et enfin, une évolution politique et sociologique (qui dépasse largement le champ d'action de la direction des Routes) du fonctionnement de la représentation démocratique et de l'image de l'État auprès du public.

A. DES ÉVOLUTIONS DE PROCÉDURE

Les procédures ont évolué ces dernières années, pour répondre aux insatisfactions constatées.

1. L'instauration des débats « Bianco » et « Barnier »

L'évolution la plus marquante est probablement l'instauration des débats « Bianco » et « Barnier », qui ont lieu en amont des études et qui portent sur le principe et les grandes fonctionnalités de la liaison à construire. Ces débats ont le grand mérite de faire intervenir le public très en amont de la procédure, afin d'éviter l'impression de mise devant le fait accompli qui se produit lorsqu'on présente un tracé précis, à l'issue de plusieurs années d'études.

Un complément pourrait être de mieux informer le public sur les consultations (calendrier, état d'avancement du projet, décisions) dans lesquelles il n'intervient pas directement et en particulier sur les relations avec les élus.

2. *L'amélioration des études menées par l'administration*

À côté de cet enrichissement des procédures de concertation, il est important de noter l'amélioration des études menées par l'administration, notamment pour progresser dans l'évaluation de l'intérêt de nos projets en prenant en compte, autant que possible, les effets externes tels que les effets sur l'environnement. La direction des Routes a développé une méthodologie approfondie d'étude d'impact et d'évaluation socio-économique des projets, méthodologie enrichie par les observatoires des effets économiques et environnementaux des projets mis en place en particulier à la suite de la loi d'orientation des transports intérieurs (LOTI du 30 décembre 1982).

Par ailleurs, des efforts doivent être faits sur la présentation des dossiers et en particulier sur le coût, élément déterminant dans le choix d'un projet. Il est vrai qu'il est parfois difficile de connaître précisément le coût d'un projet au stade de l'enquête publique. Il appartient au maître d'ouvrage d'améliorer les dossiers de consultation, par exemple en donnant des fourchettes de coût, ou tout au moins en soulignant la marge d'incertitude. Des efforts sont à faire sur la présentation des dossiers, c'est un des chantiers de la direction des Routes pour ces prochaines années.

3. *La déconcentration*

Enfin, le choix de la poursuite de la déconcentration dans le pilotage des études routières et autoroutières permettra à terme de disposer, sur le terrain, de directions régionales de l'Équipement directement au cœur des procédures et ouvertes, de plus en plus, à des méthodes de travail intermodales.

B. DES ÉVOLUTIONS CULTURELLES

Le ministère de l'Équipement a conservé, pour certains, une image d'administration forteresse, puissante et refermée sur elle-même. Cette image est aujourd'hui heureusement dépassée et les évolutions de procédure que nous vivons depuis quelques années en témoignent. Pour autant, la culture de ce ministère doit encore évoluer.

Cette culture était marquée par un culte voué à l'intérêt général qui légitimait les atteintes aux intérêts particuliers. Aujourd'hui, lorsque les infrastructures sont telles que l'intérêt particulier est celui de milliers ou de dizaines de milliers de personnes, on doit lui prêter une attention spéciale ! Le débat public doit alors être abordé comme une façon de connaître et de traiter les difficultés rencontrées, dans un cadre démocratique, c'est-à-dire dans lequel les personnes concernées participent à la prise de décision.

1. *Mieux dialoguer avec le public*

La culture du dialogue avec les élus est déjà bien implantée au sein du ministère. Il faut à présent développer une culture du dialogue avec le public, et ce d'autant plus que, avec l'avènement des nouveaux moyens de communication, et en particulier d'Internet, l'accès rapide et direct à l'information et la rapidité des échanges sont presque devenus des besoins.

La direction des Routes doit impulser ce changement de culture, non seulement en interne, mais aussi vers les services extérieurs, en première ligne au moment des débats publics, et ce, d'une part en utilisant l'expérience acquise lors des nombreux débats menés ces dernières années, d'autre part en menant un travail spécifique sur des cas concrets tels que la desserte du massif alpin ou l'écoulement du trafic dans le sillon rhodanien.

2. *Capitaliser les expériences*

Les concertations se suivent et ne se ressemblent pas. Elles diffèrent par leur impact géographique (de la construction d'un échangeur supplémentaire à la construction d'une autoroute traversant plusieurs régions en passant par les déviations urbaines…), par la fonctionnalité recherchée (faciliter les trafics locaux, acheminer le trafic de transit, desservir des zones isolées…), par l'accueil du public a priori (forte demande locale ou, au contraire, vive opposition)… Elles diffèrent enfin par leur succès, c'est-à-dire par la satisfaction qu'en ont retirée l'administration d'une part, le public d'autre part, satisfaction liée à des critères objectifs (amélioration du projet, mesures compensatoires…) ou subjectifs (écoute, respect des points de vue…).

Une analyse du déroulement d'un certain nombre de concertations, analyse qui devra porter aussi sur des aspects sociologiques, voire psychologiques, doit nous aider à capitaliser toutes ces expériences et à identifier les facteurs susceptibles d'améliorer le déroulement de cette phase délicate du débat public. L'un des ingénieurs chargés des projets autoroutiers, après un doctorat de sciences politiques, assurera le suivi permanent de ces concertations.

3. *Un travail spécifique sur des cas concrets*

Le sillon rhodanien, comme le massif alpin, sont des cas dans lesquels la concertation sera particulièrement difficile à mener, en raison, d'une part, de l'étendue des enjeux géographiques et économiques, d'autre part, de l'acuité des problèmes vécus et de la forte sensibilisation de la population locale concernée.

Dans ces deux cas, un travail spécifique doit être mené pour définir les modalités qui permettront de bien prendre en compte les divers intérêts en présence et d'aboutir à proposer, dans un cadre intermodal, la meilleure réponse, en termes techniques comme en termes d'acceptation par le public, aux problèmes rencontrés aujourd'hui.

4. *Mieux dialoguer avec les administrations*

Vis-à-vis des autres administrations aussi, le dialogue doit être amplifié. Là encore, la culture évolue. Ainsi sont désormais organisées des rencontres régulières entre la direction des Routes et les directions concernées du ministère de l'Environnement, afin de faire un tour d'horizon en amont des problèmes susceptibles d'émerger et d'éviter la remise en question tardive de projets, à un stade des études déjà très avancé.

5. *Raisonner en termes de services*

Enfin, nous devons nous approprier un nouveau mode de raisonnement, déjà largement ébauché lors de l'élaboration des schémas de services : nous devons désormais raisonner en termes de services et non d'infrastructures. C'est ce que le public attend de nous. Nous devons pour cela utiliser et améliorer encore notre connaissance de l'usager et de ses motivations, qu'il s'agisse d'usage privé ou professionnel, en zone urbaine ou sur des parcours à longue distance.

C. DES ÉVOLUTIONS POLITIQUES ET SOCIOLOGIQUES

Les évolutions de procédure, le changement de culture au sein du ministère, sont des éléments indispensables à la satisfaction de l'exigence démocratique qui s'est fait jour ces dernières années. Elles ne remplaceront pas de nécessaires évolutions politiques et sociologiques.

1. *De la représentation du public*

Aujourd'hui, le public se plaint de n'être pas consulté sur les grands dossiers d'infrastructures. Or les procédures prévoient, tout au long de l'élaboration du projet, des consultations des élus, des responsables économiques. Ces consultations des élus et des responsables économiques ne sont pas considérées comme suffisamment démocratiques par le public, qui n'en connaît ni le déroulement ni les résultats. Il s'agit là d'un problème de fond, auquel l'administration ne peut apporter que des éléments palliatifs, par exemple en informant mieux le public des consultations en cours, même si ces consultations ne sont pas des consultations ouvertes au public.

La véritable question est celle de la représentation du public. La France n'est pas prête aujourd'hui à travailler par votations comme la Suisse. L'administration française n'est pas organisée pour discuter directement avec les citoyens. Elle répond quasi systématiquement aux questions posées par les élus, le plus souvent possible à celles des associations, insuffisamment à celles des particuliers.

La représentation actuelle du public en France, ce sont les élus. Or, lors du travail de la mission d'évaluation et de contrôle de l'Assemblée nationale, les députés ont relevé que *« la concertation avec le public est [...] insuffisante. Le ministère des Transports est en relation avec les services administratifs locaux et les élus, mais rarement avec les citoyens »*. Venant du Parlement, cette remarque montre bien l'ampleur du problème.

Aujourd'hui, les opposants se sentent souvent mieux représentés par des associations que par leurs élus. De fait, les responsables associatifs participent au débat public et sont écoutés et nous ne devons pas négliger la capacité d'expression des différents points de vue qu'offre l'existence d'associations. Pour autant, une association, qui a vocation à agir selon les finalités prévues par son statut, ne saurait représenter que ses mandants et ne peut constituer une représentation démocratique de l'ensemble des personnes consultées.

Les associations ne sauraient donc remplacer l'expression démocratique qui ne peut être portée que par les élus. C'est à eux que revient de créer avec les citoyens de meilleures conditions de dialogue en orientant les efforts de l'administration.

2. *De l'image de l'État*

Il est indispensable de restaurer l'image de l'État, garant non seulement de l'intérêt général mais aussi, dans la limite de ses possibilités, du meilleur intérêt particulier.

Les citoyens demandent des comptes à l'État. En témoigne l'évolution de la notion même de déclaration d'utilité publique. Il ne s'agit plus d'un préalable à une décision d'expropriation. Le public veut être assuré que l'argent du contribuable (le sien !) est bien dépensé et les décisions de l'État justifiées. C'est désormais le sens de la déclaration d'utilité publique. Même dans le cas où tous les terrains pourraient être acquis à l'amiable, on ne pourrait se passer d'une déclaration d'utilité publique, affichage du bien fondé des décisions de l'État.

Le public attend aussi de l'État qu'il soit le garant d'un certain nombre de « droits » revendiqués par la population : droit à l'information, droit à la concertation, droit à la compensation des dommages, droit à la protection de la nature, droit à la qualité de vie... Tant que ces notions ne seront pas abordées clairement dans les débats, le public se sentira floué.

Aujourd'hui, le public doute de l'État, le considérant comme « juge et partie » dans l'organisation de débats publics. Il refuse à l'État la légitimité à porter des projets d'intérêt national alors que, par nature, personne d'autre ne saurait avoir de meilleure légitimité. Il nous appartient de restaurer cette confiance perdue, par une plus grande clarté et une plus grande ouverture de nos procédures. Ce doit être un des objectifs de la refonte en cours des procédures de déclaration d'utilité publique.

L'ÉLU LOCAL EXPOSÉ AU DÉBAT PUBLIC : LA LÉGITIMITÉ DE LA DÉCISION EN QUESTION

*Yvon Robert **

Aujourd'hui, pour l'ensemble des élus locaux, les projets faisant débat sont les grands ou très grands projets, qui sont souvent portés par plusieurs instances ou collectivités, ce qui oblige à tant de compromis au moment de la réalisation du projet que l'on ne sait plus qui en est le responsable. Il s'agit là d'un véritable dysfonctionnement : s'il y a eu débat public, il n'y a pas démocratie car il n'y a pas de véritable responsable susceptible d'être sanctionné par le vote.

Pour présenter mon expérience du débat public et développer mes réflexions sur cette question, je vais m'appuyer sur un exemple. À Rouen, nous sommes en train de réaliser un système de transport en commun en site propre : budget, un milliard de francs. Il s'agit du second projet : après avoir réalisé un transport en commun nord-sud consistant en une ligne de tramway de 15 km d'un coût de 3 milliards de francs, la commune se dote d'un transport en commun en surface sur l'axe est-ouest, passant au cœur de la ville. J'ai piloté le premier projet en tant qu'adjoint au maire d'une commune voisine de Rouen et vice-président du syndicat intercommunal. Ayant été élu maire de Rouen en 1995 après cette réalisation, je pouvais estimer avoir une légitimité dans la perspective du second projet.

Le second projet ayant été mis au point, la concertation et le débat public ont commencé très tôt. La caractéristique essentielle de ce projet était d'utiliser les trois-quarts de la rue centrale est-ouest pour le transport en commun au détriment de la voiture. Le débat public a démarré par une mobilisation radicale des commerçants de cette rue. Ceux-ci étaient persuadés, probablement à tort, que limiter l'utilisation de la voiture nuirait à leur activité commerciale. Pendant plusieurs mois, on pouvait avoir le sentiment par la presse ou au tra-

* Maire de Rouen.

vers des réunions publiques organisées, que la population était opposée au projet, du fait de la virulence de cette minorité agissante. Mais on sait bien que, dans un tel cas, ceux qui sont favorables à un projet ou font confiance à leurs élus ne s'expriment pas. Il n'en reste pas moins que la situation était très difficile.

Le référendum pouvait sembler être la solution mais le précédent récent du référendum de Caen, dans un cas analogue, a décrédibilisé le recours à ce type de consultation. En effet, le maire de Caen avait été réélu en 1995 en annonçant un projet de transport en commun. Mais, avant de réaliser le projet, il le soumet à référendum. Ce référendum, les votants étaient environ 20 %, rejette à 75 % le projet. Il y avait pourtant unanimité de l'ensemble des communes de l'agglomération caennaise. Il n'y avait opposition que de la chambre de commerce et de la minorité municipale socialiste de Caen. Le maire a cependant décidé de passer outre ce vote défavorable, la déclaration d'utilité publique a été obtenue et la réalisation est en cours.

Ce précédent est assez grave. Il montre que le référendum n'est pas la solution.

Dans le cas de Rouen, il apparaissait clairement qu'il était impossible de réaliser un projet contre, non pas la majorité de la population, mais contre les acteurs économiques présents quotidiennement sur le site des travaux. J'ai donc proposé à l'issue de la concertation, et en tenant compte du débat public, une modification : le tramway circulerait dans un sens dans une rue, et en sens inverse dans une autre rue. Dans la rue centrale, la place supprimée à la voiture était donc moindre.

L'enquête publique a été faite sur ce nouveau tracé. Il n'existait plus aucune opposition des commerçants, mais cette fois, dans le cadre de l'enquête publique, une mobilisation assez vive des défenseurs du transport en commun s'est déclenchée. Cette mobilisation était très compréhensible et le commissaire enquêteur était assez sensible aux arguments développés par ces nouveaux opposants au projet modifié.

Lorsqu'il y a un avis défavorable du commissaire enquêteur, le délai administratif, compte tenu du passage en Conseil d'État, est très long. Deux ans d'enquête avant que le Conseil d'État ne rende son avis correspondent alors à un délai et à une procédure qui n'ont plus rien de démocratique. Cela déresponsabilise les élus et décrédibilise l'action publique. Un compromis entre les deux solutions a été trouvé, délibéré par le conseil municipal de Rouen et le commissaire enquêteur a donné un avis favorable à ce nouveau projet. Je pense qu'en cas d'avis défavorable du commissaire enquêteur, il faudrait imposer qu'ait lieu une nouvelle délibération de l'assemblée locale, plutôt qu'une procédure de deux ans devant une instance centrale.

Enfin, une fois la déclaration d'utilité publique obtenue, quelques groupes d'opposants ont fait un recours. Si ce recours est à prendre au sérieux, l'exigence légale est d'attendre que le juge se soit prononcé sur ce recours, ce qui met alors en cause l'exigence démocratique, compte tenu du délai d'intervention du jugement. À Rouen, le président du Tribunal administratif a jugé ce recours prioritaire et en quatre mois la décision a été prise et tous les recours rejetés. En conclusion, pour que le recours ait un sens, il faut que les travaux de grands projets ne commencent pas tant que le juge ne s'est pas prononcé, et pour cela, il faut que le juge tranche avant six mois.

Mais en matière de concertation, il importe de bien distinguer les sujets : les questions ne se posent pas du tout dans les mêmes termes suivant les domaines. Mon expérience et les réflexions que j'en tire ne valent que pour les questions d'aménagement. Les questions relevant de la santé publique par exemple sont très largement différentes.

Un point est particulièrement important pour un élu local : au-delà de la concertation, des expertises, de l'évaluation qui est totalement au cœur des projets, on est finalement confronté à des intérêts sociaux contradictoires parfois irréductibles. Un exemple pris parmi d'autres : les six débats publics précédant le projet de loi « solidarité et renouvellement urbain » ne peuvent empêcher qu'à l'arrivée, le maire d'une ville riche ne soit fondamentalement pas d'accord avec la loi. Son intérêt est contraire à celui du maire d'une commune défavorisée. En présence d'intérêts sociaux contradictoires, à un moment donné, seul le politique, dans une légitimité qui est majoritaire et pas unanime, peut décider. Il faut lui donner la possibilité de la décision et il est capital que celle-ci soit prise en toute connaissance de cause.

Il est extrêmement important que la décision soit prise par un politique pour qu'il puisse ensuite y avoir la sanction du vote.

LA PARTICIPATION DES CITOYENS, ENTRE DÉBAT PUBLIC ET DÉNI DE DÉBAT

Jean Gonella *

« Qu'il ne soit entrepris ni continué aucuns canaux ni autres ouvrages publics avant que l'utilité en ait été régulièrement constatée par les États Généraux, et que la confection des dits ouvrages soit surveillée par les États Provinciaux, étant d'expérience que ces sortes de travaux n'ont souvent de véritables objets que d'enrichir ceux qui les proposent et qui les entreprennent. »

États généraux, 1789.

Les fondateurs de la République française, au moment où ils créaient les prémisses des notions d'*utilité publique* et d'*enquête publique*, imaginaient-ils que deux cents ans après leur proclamation sur la nécessité de l'*utilité* régulièrement constatée des ouvrages, la Nation se retrouverait en état de crise de la représentation politique, de la légitimité des compétences et, donc, en état de crise majeure de la décision publique ?

Ainsi, à travers les siècles, persiste un doute généralisé sur le caractère d'intérêt général des grands travaux d'aménagement du territoire quand l'*utilité publique* en est décrétée d'en haut, sans débat possible, sauf sur quelques variantes locales, par des décideurs institutionnels que le public imagine, volontiers, poussés par les entrepreneurs.

En témoignent, depuis plus de vingt ans, la montée des contestations de tous les grands projets d'infrastructures, pouvant aller jusqu'à la violence, comme la généralisation du discrédit dans lequel sombrent les *enquêtes publiques* et l'*utilité publique* décrétée *a priori*. Ces contestations à la base conduisent, de plus, au déferlement des conten-

* Fédération d'Action Régionale pour l'Environnement (FARE Sud), Coordination Jura-Alpes-Méditerranée (CoJAM), Initiative Transports Europe (ITE).

tieux judiciaires et à l'instabilité juridique des décisions, par déclenchement de véritables guérillas judiciaires.

Vrai refus de débat, par les décideurs, ou sentiment de déni de démocratie, ressenti par le public concerné, les résultats furent les mêmes : blocage de la décision pour de nombreux projets d'infrastructures, eussent-ils vraiment été d'intérêt général. Les projets de TGV Méditerranée, d'autoroute A51 Grenoble-Sisteron (aucune décision pendant plus de dix ans[1]), de ligne à très haute tension Boutre-Carros, entre autres, ont subi de tels aléas. Et, là où des décisions purent être finalement prises, elles laissèrent souvent parmi les populations des territoires concernés un goût d'amertume et une frustration pour des débats non tenus ou avortés.

Amertume et frustration qui n'ont pourtant pas conduit les populations à des attitudes négatives. Bien au contraire, elles ont fait irruption sur la scène de la décision publique, réclamant avec force de la transparence, du débat public et de la participation à la décision, en l'imposant, au besoin, de manière informelle, dans l'attente d'une formalisation légale des processus de débats, impliquant simultanément les décideurs, les techniciens et ceux au nom de qui l'on décide. Tout à fait parallèlement, les mêmes pressions ont, vraisemblablement, conduit le législateur à ne plus pouvoir considérer les populations comme simples spectateurs du développement de leur espace de vie.

Toutefois, rien n'est encore vraiment simple. De l'expérience des populations qui ont tenté de participer à divers processus de décisions publiques, il ressort l'impression d'un ballet de valse-hésitation où l'État décentralise vers les collectivités territoriales, puis tente de recentraliser tout en déconcentrant vers les préfets[2]. Laissant ainsi les populations participer à des débats publics pour certaines grandes infrastructures (ligne à très haute tension Boutre-Carros, par exemple, parfaitement réussi, au demeurant), refusant le débat public pour d'autres (autoroute A51, par exemple), tout aussi potentiellement ravageuses. Un tel refus proviendrait-il de la réussite des quelques

1. Le gouvernement vient de décider, le 26 octobre 2000, d'abandonner le projet d'autoroute A51 entre Grenoble et Sisteron au profit d'un aménagement des voies existantes.

2. Le sommet d'incertitude sur l'implication des populations dans les décisions publiques étant atteint par l'insigne faiblesse de l'encadrement procédural des directives territoriales d'aménagement (DTA), au contraire de tous les autres documents d'urbanisme ou d'aménagement du territoire, laissant penser que l'on voudrait en revenir à la formation d'une utilité publique unique et d'une volonté générale dites par l'État. La question que pose aux citoyens ces Objets Juridiques Non Identifiés que sont les DTA mériterait un débat approfondi, pour lequel il n'y a point assez de place ici. Espérons qu'il aura lieu prochainement.

débats qui ont eu lieu à faire émerger, enfin, de vrais conflits entre intérêts généraux divergents, renvoyant à l'obsolescence la vieille notion d'utilité publique décrétée d'en haut.

Quant au citoyen, s'il n'apparaît, dans ce liminaire, nulle part autrement que sous forme de population, c'est qu'il semble être resté, expérience faite, cet être *« sous-informé, désinformé, humilié et sans pouvoir »*, par opposition aux élus, aux hauts fonctionnaires et aux experts, rangés dans le camp des décideurs. Et nous voici, comme en exergue, revenus aux *Lumières* et à Montesquieu dont le programme voulait, déjà, que le citoyen ne soit plus cet être-là.

§ 1. EFFETS SÉMANTIQUES DE L'EXPÉRIENCE DE L'IRRUPTION DES POPULATIONS ET DES TERRITOIRES DANS LES PROCESSUS DE DÉCISION PUBLIQUE

La créativité et la complexité des situations créées par l'irruption, arrachée au pouvoir ou concédée par lui, des populations et des territoires dans les espaces de la décision publique créent du flou dans les signifiés des signifiants : citoyen, débat public et légitimité de la décision publique et c'est pourquoi le sous-titre ci-dessus ne dit pas : *« …expérience des citoyens dans le débat public… »*. Peut-être est-il bon, ici, de jouer avec ce flou ?

A. CITOYEN

Ce mot est généralement lié, dans les textes politiques ou sociologiques, à celui de société civile. Mais de quoi parle-t-on, alors ? D'une société civile comme rassemblement des citoyens, vus comme ceux qui ne seraient ni élus, ni hauts fonctionnaires, ni experts, ni décideurs à aucun titre ? Dichotomie qui ferait qu'alors, ceux qui ont le pouvoir de décider, de conseiller ou d'influencer les décideurs, ne seraient plus des citoyens. Glissement de sens qui éclaire d'une lumière crue la crise contemporaine de la représentation politique et de la légitimité de la décision publique. Ainsi, les citoyens seraient, donc, ceux à qui des supposés *non-citoyens* imposeraient des décisions souvent illégitimes… voire inacceptables.

À l'expérience des combats des *citoyens*, au sens ci-dessus, pour obtenir, selon eux, de *bonnes* décisions publiques, conformes à l'intérêt général, et non à celui de quelques décideurs, la situation est plus nuancée. Véritable avancée démocratique, on a vu se constituer des *coordinations associations-élus* (A58 Cannes-Nice, A51 Grenoble-Sisteron, ligne à très haute tension Boutre-Carros), des *groupes de travail associations-hauts fonctionnaires* et, même, des *concertations associations-préfets*, travaillant ensemble, pour le bien public et tous, malgré quelques conflits, réintégrés ensemble dans le corps des citoyens, au sens idéal.

Effectivement le citoyen, c'est celui qui, quels que soient son rang et ses pouvoirs, descend sur la place publique, l'*agora*, pour parler du bien public et débattre des intérêts généraux en conflit, pour arriver aux meilleures décisions, ou aux moins mauvaises, concourant, ainsi, à l'intérêt général et à la satisfaction des populations, dans la paix publique et le respect de l'État de droit.

La citoyenneté sera effectivement rétablie lorsque ceux qui ont le pouvoir de décider et ceux pour qui l'on décide débattront, publiquement et en commun, de toutes les grandes décisions. Il faut avouer que ce ne fut, en particulier, point le cas pour les décisions sur la politique énergétique de la France et sur les grandes infrastructures autoroutières. On en paye aujourd'hui le prix ; le déni de démocratie n'est pas pour rien, par exemple, dans la gabegie autoroutière dénoncée, récemment, par la Cour des comptes. L'absence de démocratie dans la prise de décision publique finit toujours par se payer très cher.

B. DÉBAT PUBLIC

Aujourd'hui, quand on parle de débat public, il s'agit d'abord du débat public très procéduralement encadré par la *loi Barnier* et son décret d'application du 10 mai 1996. Les sens que portent les termes de « débat public » dans ce cadre sont largement exposés en ce livre, et ils ont été largement explicités par divers auteurs[3]. Inutile, donc, de s'appesantir.

Mais l'expérience des citoyens, à tous les sens de ce mot, ne se résume pas aux quelques débats publics nationaux qui ont eu lieu. Informels, arrachés, concédés du bout des lèvres ou légalement organisés, nombreux furent, depuis une vingtaine d'années, les *débats publics* qui eurent lieu sur des décisions d'infrastructures ou d'aménagement du territoire. Les citoyens, y compris les citoyens-décideurs, y prirent nombre de leçons et y acquirent une riche expérience.

3. Voir tout particulièrement Jean-Michel Fourniau, « Le débat public entre conflit sur les projets et délibération avec le territoire », *Société française*, n° 12-13 (62-63), Paris, octobre-novembre-décembre 1998, pp. 47-59.

Reste qu'à l'expérience du citoyen, peuvent ressortir du *débat public*, calamiteux ou positif, à côté de l'irruption violente des populations lasses d'être sous-informées, humiliées et sans pouvoir, les quelques structures d'enquête publique et de concertation formelle ou informelle.

C. CONCERTATION

Le *citoyen de base*, le *citoyen associatif*, retient essentiellement de son expérience, que ces structures portent sens, en général, de négociations et d'établissements de rapport de forces entre agents de l'État, élus et forces économiques. Que l'on nous passe l'expression, *on y discute le bout de gras*, en somme.

Tout n'est pas noir, toutefois, et certaines concertations ne laissent pas toujours un mauvais souvenir. Par exemple, la concertation conduite par l'ingénieur général C. Brossier, président de la IVe section du Conseil général des ponts et chaussées (CGPC), dans l'ensemble des Alpes françaises[4].

D. ENQUÊTE PUBLIQUE

Le discrédit dans lequel a sombré, auprès des populations, l'enquête publique, n'a plus besoin d'être longuement exprimé, il l'est déjà par ailleurs[5]. Issu de son expérience, le sens que le citoyen donnera aux mots *« enquête publique »* est de n'être plus qu'une parodie de *débat public*. Et rien ne peut donner de plus mauvais résultats, pour assurer la légitimité d'une décision publique, dans un État de droit, qu'une telle parodie.

E. LÉGITIMITÉ DE LA DÉCISION PUBLIQUE

Dans un État de droit, on pourrait tenir pour légitime une décision publique prise par des instances légales. Mais les populations des territoires concernés, très souvent, n'accordent plus aucun sens à ce

4. *La politique française des transports terrestres dans les Alpes*, Paris, La Documentation française, 1998.

5. « Est-ce bien utile ? », *Travaux publics et bâtiments du midi*, n° 166, Marseille, 28 novembre 1997.

« L'enquête publique au crible des commissaires enquêteurs », *Travaux publics et bâtiments du midi*, n° 240, Marseille, 30 avril 1999.

mot de *légitimité*. Les expériences de terrain montrent que les populations recommencent à donner sens à ce mot si la décision est préparée dans la plus grande transparence et si, renonçant à l'utilité publique proclamée d'en haut, *a priori*, les décideurs instaurent un débat public, légal ou non encore prévu par la loi, rendant lisibles les intérêts du territoire et permettant le surgissement des conflits d'intérêts généraux en présence. Le prix à payer pour la perte de sens, auprès des populations, de la *légitimité* des décisions publiques, a déjà été lourd à payer : applications rapides de décisions qui se révèlent, à l'usage, aberrantes ; retards considérables de décisions qui eussent pu se révéler utiles, provoqués par le déferlement de manifestations violentes et de guérillas judiciaires. L'intérêt général gagnera à ce que la légitimité des décisions publiques retrouve du sens, par leur démocratisation, dans le cadre de débats publics procéduralement organisés. La paix publique y gagnera aussi, l'acceptation par les opposants, sans trop d'amertume ni de colère, de la décision prise, étant facilitée par une transparence complète et la possibilité de participer à un débat public impliquant toutes les parties.

§ 2. L'EXPÉRIENCE DES CITOYENS DANS LE DÉBAT PUBLIC OU… LE DÉNI DE DÉBAT

Pour concrétiser les idées générales du liminaire et les énoncés sémantiques ci-dessus, projections d'une expérience de citoyen, reste à voir leurs inscriptions concrètes sur les territoires, dans la valse-hésitation de l'État entre débat public et déni de débat sur champ de virevoltes entre décentralisation et recentralisation.

A. LIGNE À TRÈS HAUTE TENSION TRANSPYRÉNÉENNE

Utilité publique, proclamée par *oukase* technocratique, du passage d'une ligne électrique à très haute tension à travers l'une des dernières vallées sauvages de nos montagnes, la vallée du Cousserans, sans aucune discussion ni aucun débat. Violent émoi dans le territoire, franche opposition de tous les milieux de défense de l'environnement. Longue bataille, toujours sans discussion ni débat. Puis, un jour, le Premier ministre Alain Juppé survole la vallée menacée en hélicoptère… une signature : l'utilité publique disparaît, la ligne ne passera pas ! Les citoyens défenseurs de l'environnement auraient pu s'en réjouir. Qu'on laisse dire, au moins à certains d'entre eux, que l'expérience *citoyenne* fut amère. Une utilité publique qui se décrète régaliennement et disparaît subrepticement, voilà qui est peu satisfaisant. L'État de droit et la démocratie eussent voulu que les conflits d'intérêts généraux mis en jeu fussent discutés publiquement, la décision ultime étant prise, ensuite, en toute transparence, par les décideurs légaux.

B. TGV MÉDITERRANÉE

Désormais un cas d'école. Ce qui mit le feu aux poudres, ce fut plus la méthode utilisée pour tenter d'imposer, sans aucune discussion, une infrastructure lourde à un territoire et à ses populations, que le fond du problème lui-même, puisqu'il ne fut, à l'origine jamais abordé. L'émotion populaire alla même, parfois, jusqu'à entraîner des sabotages d'installations ferroviaires de la vallée du Rhône, initiatives détestables qu'il nous faut ici récuser totalement, tout en osant dire que, très malheureusement, aujourd'hui encore, en France, les progrès de la démocratie continuent, assez souvent, à résulter du lancement de pavés.

Mais, après tout, ce fut du *débat public*, et du *débat public* décisif, que les pavés dans la figure des décideurs du TGV Méditerranée, puisque cette rencontre violente, que l'on ose à peine appeler citoyenne, des décideurs et de ceux pour qui l'on voulait décider de leur bien, sans leur avis, engendra tout un processus de tentatives de démocratisation de la décision publique, essentiellement la *circulaire Bianco* et la *loi Barnier*.

Et, expérience faite, on constata que, très vite, s'installèrent les éléments, qui pourraient devenir pérennes, de tout débat public bien compris. Dévaluation du concept d'utilité publique et explosion des conflits d'intérêts généraux issus des territoires, expertises au cahier des charges contrôlé par le milieu associatif, tendance à la transparence, tables rondes réunissant tous les protagonistes de l'affaire en cours, comités de suivi et, surtout, ébranlement profond des certitudes des maîtres d'ouvrage et des maîtres d'œuvre, les conduisant éventuellement à l'innovation. Ébranlement profond, dont témoignèrent les ingénieurs du TGV Méditerranée, au demeurant remarquables de compétences, lors d'une table ronde de retour d'expérience[6], où ils dirent : *« Nous avons autant appris de vous que vous avez appris de nous. Nous n'opérerons plus jamais comme nous le faisions. »* Avec

6. *Table ronde de concertation et de retour d'expérience*, organisée par la DDE-13 et la direction régionale de la SNCF le 9 février 1998 aux Milles (13), Marseille, DDE-13 & la SNCF, document ronéoté, 1998.

pour résultat ultime, le rétablissement de la paix publique et de l'État de droit. Aujourd'hui, dans le comité de suivi, où siègent tous ceux qui participèrent aux combats initiaux, règne une ambiance de coopération positive, même si elle est parfois conflictuelle.

C. PROJET DE LIGNE À TRÈS HAUTE TENSION BOUTRE-CARROS

Encore un cas d'école. Un projet d'entreprise d'EDF, parfaitement identifié, remontant au moins à 1983 : compléter le bouclage électrique de la région Provence-Alpes-Côte d'Azur, par une ligne à très haute tension allant de Boutre, près de Vinon (Var), au confluent du Verdon et de la Durance, à Carros, près de Nice (Alpes-Maritimes). Un projet d'ingénieurs, impeccables et fort modernes techniciens, mais plongés dans le passé pour ce qui concerne leurs conceptions sur l'aménagement des territoires, vus seulement comme substrats de leurs prouesses techniques. Comme toujours, une utilité publique proclamée, *a priori* et d'en haut, dans une rationalité d'ingénieurs.

Les faisceaux potentiels de passage de la ligne proliférèrent, il y en eut jusqu'à sept, jusqu'au jour où, dix jours après la création officielle du Parc naturel régional (PNR) du Verdon, le 3 mars 1997, un *oukase* du Premier ministre Alain Juppé publia l'adoption de la septième variante, passant par le PNR du Verdon, le 14 mars 1997.

Sur les territoires exposés au passage de la ligne, ce fut l'explosion. On aurait pu croire à une floraison de syndrome *Nimby* et à une conjugaison contestataire de tous les intérêts particuliers. Mais, très vite, surgit le mot d'ordre : « *Ni ici, ni ailleurs* », accompagné de demandes instantes d'un débat public national. Demandes dont le point d'orgue fut une préfiguration de ce débat, d'initiative associative, lors d'une journée d'action, à Trigance (Var), le 19 octobre 1997. Dès cette date, le décor du débat était planté. Il eut finalement lieu du 15 mars au 15 septembre 1998, avec la prolongation à six mois, pour expertise complémentaire.

Débat particulièrement réussi, grâce à tous les participants et, tout particulièrement, grâce au président de la commission particulière Gérard Porcell. Débat en lequel, la scène potentielle de tout futur débat public et la créativité des citoyens se sont particulièrement affirmées :

– Les discussions sur l'amont furent poussées assez loin pour que l'on s'aperçoive qu'EDF avait mal identifié le problème qu'elle voulait résoudre. Un mois de débat public fut nécessaire pour qu'on sache qu'il ne s'agissait point d'un déficit d'alimentation de la région, mais d'une insécurité d'alimentation de l'Est varois et de la région de

Nice. Utilité du débat public : un mois fut suffisant pour que tout le monde se mette d'accord sur le problème à résoudre. Mais pas sur les solutions.

– La désuétude de l'utilité publique unique, posée à priori, conduisit à une demande de discussion, très amont, non point pour rechercher *un* intérêt général, mais pour mettre à jour des intérêts généraux conflictuels sous-tendus par des symboliques de territoires. Cette irruption de la symbolique du territoire fut perçue comme générale. D'Ariège et de Maurienne, des citoyens vinrent témoigner que, sur tout le territoire exposé au passage potentiel de la ligne à très haute tension, se défendait l'intérêt général de tous les territoires de France.

– Une coordination associations-élus et un groupe de travail associations-techniciens, soutenus et utilisés par les élus, ont été créés et continuent de fonctionner. Le groupe de travail est à l'origine de la production d'une synergie de solutions alternatives non prévues et mal acceptées par EDF, et de la production d'un cahier des charges très technique pour une expertise complémentaire[7] revendiquée, portant sur les propositions d'EDF et sur les solutions alternatives.

– La culture d'entreprise et les certitudes d'EDF, promotrice du projet contesté, en furent considérablement ébranlées. Avec trente ans de retard en ce domaine, elle ne savait pas encore ce que sont un territoire et des populations. Aujourd'hui elle le sait et en témoigne. Plus considérable encore, six mois de débat furent nécessaires pour que chemine et mûrisse une idée, issue des propositions alternatives du milieu associatif : *« Pourquoi faire une ligne nouvelle, si on peut faire passer plus d'énergie dans les lignes existantes ? »*

Le schéma général de la solution au *« problème de la sécurisation de l'alimentation en électricité de l'Est de la région Provence-Alpes-Côte d'Azur »* a été adopté en comité interministériel le 5 juillet 2000, et annoncé officiellement par le préfet de la région PACA, le 1er septembre 2000. Le projet de construction d'une ligne nouvelle à très haute tension (2 x 400 000 volts) est définitivement abandonné, l'État renonçant à l'ensemble des tracés qui avaient été soumis au débat public *Boutre-Carros*. En remplacement est proposé l'essentiel des solutions alternatives apparues au cours du débat public, à l'initiative du groupe de travail de la coordination associations-élus, et validées par l'expertise complémentaire réalisée dans ce cadre : optimisa-

7. Il y en eut, d'ailleurs, deux : une dans le cadre du débat public institutionnel et un complément ultérieur payé par les élus, portant plus particulièrement sur l'apport en emploi des solutions alternatives.

tion des lignes existantes et lancement d'un programme ambitieux de maîtrise de la demande d'électricité (MDE)[8].

Reste qu'il aura fallu deux ans après la fin du débat pour que la décision de l'État soit annoncée. On peut néanmoins entrevoir les raisons qui ont pu la faire repousser. Elles furent, vraisemblablement, les suivantes.
– L'attente de la séparation d'EDF en deux entités, conformément à la directive européenne sur la libéralisation de l'énergie : l'une dédiée à la production et la distribution, l'autre chargée de l'exploitation du réseau de transport d'électricité[9].
– Les débats difficiles provoqués, au sein même d'EDF, par les idées novatrices qui se firent jour au cours du débat public.

On peut donc désormais oser parler d'une remarquable réussite du débat public *Boutre-Carros* qui fut un concours de citoyenneté de tous : population, experts, EDF, décideurs, pour tenter d'y voir plus clair. Il a réussi à ébranler grandement les certitudes d'EDF et à rendre patente la crédibilité de la solution alternative proposée par la conjonction des associations et des élus. L'ébranlement suscité par les citoyens armera mieux EDF pour s'affronter aux directives européennes et à la nouvelle donne des énergies renouvelables et de la maîtrise de la demande d'énergie (MDE).

D. PROJET D'AUTOROUTE A51, GRENOBLE-SISTERON

Il existe, entre Grenoble et la Méditerranée, passant par les Alpes, deux tronçons d'autoroutes : de Grenoble au col du Fau et d'Aix-en-Provence à La Saulce. Et, entre le col du Fau et La Saulce, reste un territoire encore vierge de grandes infrastructures. L'évidence technicienne, qui n'est pas toujours, à coup sûr, l'évidence citoyenne, milite pour une urgence : il faudrait colorer uniformément un sillon de la carte aux couleurs d'une autoroute et réaliser le tronçon supposé manquant. De là une prolifération de propositions de fuseaux. Pour de nombreux élus divisés en camps adverses, ce furent les propositions de deux solutions autoroutières concurrentes, pour rejoindre les deux

8. Déjà, à petit pas, de manière très feutrée, s'étaient mis en place quelques-uns des éléments des solutions alternatives : passage, depuis la fin du débat, de 200 MW à 1 200 MW de cogénération locale, soit 20 % de la puissance maximale appelée en région PACA, et proposition de services complets de MDE pour cinq communes de la région.

9. C'est chose faite depuis février 2000. Une nouvelle entité, le gestionnaire du Réseau de Transport d'Électricité (RTE) gérera les lignes de transport d'énergie électrique à Très Haute Tension (lignes de tensions supérieures à 63 000 volts). EDF gardera la production et la distribution de l'électricité

branches d'autoroutes nord et sud, déjà faites : l'une passant par le col de la Croix-Haute, l'autre par l'Est de Gap. Tandis que tout le milieu associatif, pour des raisons de développement durable, choisit un aménagement et une modernisation de tout le réseau routier régional existant. C'est ainsi que l'on en arriva à un problème d'aménagement du territoire sans que, depuis plus de dix ans, ne puisse être prise aucune décision définitive. En effet, le milieu associatif est allé de contestations en contentieux, non point pour des raisons de défense de son jardin, mais pour des considérations majeures d'intérêts généraux. Tout cela sans débat public, mais avec une série de concertations organisées soit sous l'égide du Conseil général des ponts et chaussées, soit sous celle de préfets coordonnateurs.

Tout cela, avec des effets contre-productifs évidents pour les maîtres d'ouvrage et maîtres d'œuvre. Mais poussant, par contre, à l'innovation les citoyens sans pouvoir qui ont pris en charge, de manière informelle, des pratiques de débat public, allant jusqu'à organiser des tables rondes techniques et des réunions publiques gérées par des conseillers en communication. On a vu, ainsi, une prolifération de groupes associatifs techniques et de collectifs associations-élus, produisant de l'expertise ou poussant à des expertises contradictoires.

À tel point que ces groupes ont obtenu le financement, par la région Rhône-Alpes, d'une expertise complémentaire[10] aux études du Centre d'études techniques de l'Équipement d'Aix-en-Provence[11] qui va presque dans le même sens que les vues du Conseil général des ponts et chaussées dont le *rapport Brossier* disait, déjà, que les deux solutions concurrentes, officiellement proposées, ne répondent pas aux buts qu'elles prétendent s'être donnés[12].

Malgré cela, de concertation en concertation, entre élus et gouvernement – concertations qui ne sont en rien des débats publics – la région Provence-Alpes-Côte d'Azur a émis un avis favorable au tracé par l'Est de Gap, sur la base d'un compromis sur le maintien de la majorité relative actuelle, par abstention d'élus d'opposition et résolument pro-autoroutes, favorables au tracé retenu, tandis que la région Rhône-Alpes a préféré un tracé par le col de la Croix-Haute.

10. GMV conseil, *Étude d'amélioration des infrastructures de transport sur l'axe Ambérieu-Sisteron*, Lyon, Conseil Régional Rhône-Alpes, 15 octobre 1999.
11. Centre d'études techniques de l'Équipement (CETE d'Aix), *Liaison Grenoble-Sisteron, le point sur les études*, Aix-en-Provence, Ministère de l'Équipement des transports et du logement, octobre 1999.
12. *La politique française des transports terrestres dans les Alpes, op. cit.* Avis confirmé dans la dernière lettre à la CoJAM de Christian Brossier, fin février 2000, disant que le problème est, aujourd'hui, mal posé et mal résolu.

Finalement, le gouvernement a annoncé, le 26 octobre 2000, l'abandon du projet d'achèvement de l'autoroute A51 Grenoble-Sisteron au profit d'un schéma global d'aménagement des voiries existantes, dans le cadre des *schémas de services collectifs*. Il est précisé que l'axe alpin Grenoble-Aix en Provence n'est pas destiné à devenir un couloir de transit de camions, en délestage de la Vallée du Rhône déjà saturée. C'était là l'une des conditions majeures, non négociable, posée par l'ensemble du mouvement associatif.

Ainsi, après plus dix ans de luttes citoyennes, de guérillas juridiques, de concertations plus ou moins formalisées et de luttes politiques, voire politiciennes, sources de tergiversations des décideurs, vient d'être obtenue une solution raisonnable. Solution qui est conforme à une synthèse des contre-projets associatifs, du *Rapport Brossier* et de l'expertise complémentaire d'initiative associative. Mais solution qui laisse une certaine amertume chez nombre d'élus locaux.

Dès le début, un débat public de six mois, avec expertise complémentaire, aurait conduit, beaucoup plus rapidement, avec beaucoup moins de rancœurs et dans la plus grande transparence, à un résultat du même type.

Ainsi, l'expérience montre que, même en son absence, le désir de débat public crée chez les *citoyens* du dynamisme et de la créativité. Créativité qui poussa des citoyens à déclarer publiquement :

« ...L'avenir du Briançonnais, ce n'est pas la route, environnement du passé, mais La Toile et le chemin de fer ; il est de mettre Briançon à quatre heures de Paris et à une heure de Turin, par TGV, en ouvrant une percée ferroviaire sous le Montgenèvre, ces relations devenant instantanées, par la Toile, avec des portails à hauts débits... »[13].

Dynamisme des citoyens, qui ont fait irruption à l'échelle de tout l'Arc Alpin, dans une coordination interrégionale (CoJAM) et un rassemblement international (ITE), se battant pour des alternatives au *tout-routier* et pour un développement local durable, compatible avec la protection de l'environnement des territoires alpins, en tournant

13. Déclaration d'un responsable associatif dans le cadre de la concertation sur l'A51 coordonnée par le préfet PACA entre octobre 1999 et février 2000. Compte rendu ronéoté de la réunion publique de Grenoble, le 29 janvier 2000. Ce n'est ni un élu, ni un ingénieur qui a vu, le premier, il y a plus de trente ans, *la route comme environnement du passé*, c'est l'universitaire visionnaire Marshall Mac Luhan. Par ailleurs, Louis Armand disait, dans les années cinquante : « *si le chemin de fer survit au XX*^e^ *siècle, il sera le mode de transport du XXI*^e^ »

résolument le dos au syndrome *Nimby*. L'ensemble étant capable de s'unir de Saragosse à la Hongrie pour de grandes causes telles que : *« plus de camions au Mont-Blanc ! »*.

E. POS DE MARSEILLE ACTUELLEMENT EN RÉVISION

Exemple parfait qui illustre le concept de *concertation*, tel que nous le commentions ci-dessus et tel qu'il est vécu par une population qui n'accède pas encore au statut de *citoyen,* tel qu'il fut voulu par Montesquieu.

La *concertation* fut ce qui se déroula dans un bureau feutré entre les quelques élus qui ont vraiment un pouvoir de décision, quelques hauts fonctionnaires municipaux et les dirigeants du BTP ! Bien sûr, il y a eu, aussi, quelques réunions d'information, à la *cause toujours*, sans véritable transparence, ouvertes aux dirigeants associatifs. Mais aucun vrai débat public. Et, l'on s'est acheminé, ainsi, vers une enquête publique bien classique, qui ne recensa, pratiquement, que les troubles de propriété.

Que l'on songe que dans une telle révision du plan d'occupation des sols (POS) de Marseille, on se propose, par exemple, d'ouvrir à la construction 700 hectares de zones naturelles naguère protégées, en dix zones pavillonnaires de mitage du territoire, sur les piémonts des collines qui entourent Marseille. Futures zones d'habitat diffus contradictoires, par ailleurs, avec la nécessité de développer désormais les transports en commun. À une époque où l'on parle de revenir au judicieux principe *« ajouter de la ville à la ville »*, mieux eut valu soumettre des décisions aussi grosses de conséquences néfastes pour la qualité de la vie à Marseille à un véritable débat public.

Face à un tel déni de démocratie, on s'acheminera, une fois prise la délibération municipale d'approbation du POS, vers un déferlement de contentieux administratif, conduisant à une guérilla judiciaire qui laissera en état d'instabilité juridique toutes les opérations d'urbanisme projetées sur la base de cette révision de POS.

Des débats publics et la démocratisation de telles décisions d'urbanisme conduiraient à de bien meilleurs résultats, y compris pour toutes les forces économiques de la cité.

Débat public : gadget ou innovation, s'interroge-t-on parfois ? Point là n'est le dilemme. Le débat public n'est ni un gadget ni une innovation. Il est source d'innovation. Innovation qui ne vient pas de la mise en mouvement des populations, autrement dit des *citoyens* sous-informés et démunis de pouvoirs. Elle apparaît en réunissant ceux qui calculent les projets, ceux qui ont le pouvoir de décider et ceux qui sont implicitement des participants à la décision, tout simplement parce que, soit ils la subiront, soit ils en jouiront.

De toute manière, pour toute décision publique, le désir de transparence, de débat public et de participation à la décision est tel, chez les citoyens et dans le monde associatif, que tout déni de débat public ne pourra que conduire de plus en plus au blocage des décisions publiques, ne serait-ce que par le déferlement de contentieux juridiques.

L'APPRÉCIATION DE L'UTILITÉ PUBLIQUE AUJOURD'HUI

Terry Olson *

Le Premier ministre a demandé au Conseil d'État, le 17 novembre 1998, un rapport sur l'amélioration des modalités d'appréciation de l'utilité publique dans le cas des projets de grands aménagements et équipements, quels qu'en soient l'objet et le maître d'ouvrage.

À cette fin, a été constitué un groupe d'étude présidé par Mme Nicole Questiaux, ancien président de la section des travaux publics et réunissant, outre des membres du Conseil d'État, des magistrats de l'ordre judiciaire, des élus, des universitaires et des hauts fonctionnaires des départements ministériels principalement intéressés. Les travaux du groupe d'étude, ont comporté des auditions de personnalités nombreuses et de tous horizons, et se sont déroulés de janvier à octobre 1999. Le document, adopté par l'assemblée générale du Conseil d'État, a été remis au Premier ministre le 29 novembre 1999.

§ 1. DIAGNOSTIC

Le rapport a fondé son analyse et ses propositions sur certains *éléments de diagnostic.*

Il indique d'emblée que ce n'est sans doute pas l'ensemble du système actuel d'information et de consultation du public qui est défaillant ; plusieurs milliers d'enquêtes sur des projets d'ampleur limitée sont en effet réalisés chaque année dans des conditions qui paraissent donner satisfaction. Mais, selon une opinion largement par-

* Maître des requêtes au Conseil d'État, commissaire du gouvernement. Terry Olson a été rapporteur du groupe d'étude sur l'utilité publique aujourd'hui.

tagée, l'association du public à l'élaboration des grands projets par le biais de la législation de l'enquête publique n'intervient pas à un moment et selon des modalités adaptés. En dépit des efforts fournis par les administrations pour accomplir tout ce qui leur est imposé – voire davantage – une « frustration » s'est installée. Les difficultés tiennent moins à un malentendu sur ce que signifie le fait d'être consulté qu'à l'échelle à laquelle les problèmes sont appréhendés et aux failles ou ambiguïtés qui s'attachent au processus de décision lui-même ; la consultation du public est en effet généralement considérée comme intervenant trop tardivement.

Il paraît d'autant plus urgent d'agir sur ce point que l'essentiel des difficultés se focalisera à l'avenir, non plus sur de grands équipements linéaires à réaliser en zone rurale, mais sur des aménagements et équipements concernant principalement la desserte de grandes agglomérations où l'espace est de plus en plus restreint et où le parti à choisir est encore plus difficile à définir et à faire accepter.

La question ne sera plus tant de s'approprier l'espace pour faire du grand et du neuf, ni de compter large en multipliant les équipements sans trop s'intéresser à leur complémentarité ou à leur concurrence. Il s'agira désormais plutôt de mesurer l'espace, d'en modifier l'utilisation ; et la manière dont les ouvrages existants auront ou non à répondre aux « attentes du public » – notion au demeurant bien difficile à cerner – pèsera de plus en plus lourd dans les réactions de celui-ci.

L'autre évidence qui s'est rapidement imposée est que l'atteinte que porte l'expropriation à la propriété privée n'est plus aujourd'hui qu'un des aspects du problème soulevé par les projets de grands aménagements ou équipements. Le processus conduisant à la déclaration d'utilité publique, conçu depuis 1810 pour garantir une protection suffisante du droit de propriété en mettant en balance des intérêts privés et l'intérêt général s'attachant à la réalisation du projet, doit désormais permettre l'arbitrage entre des intérêts publics multiples (« préservateurs », « bâtisseurs »...), en fait aussi légitimes que divergents.

Comment légitimer cet arbitrage, comment associer le public à sa construction, comment faire apparaître plus clairement les responsabilités des diverses autorités qui sont parties prenantes au processus de décision, et plus particulièrement, comment résoudre les problèmes de compétence liés aux nouvelles attributions des collectivités déconcentrées alors que la déclaration d'utilité publique, en tant qu'elle fonde légalement une dépossession d'un bien privé, doit nécessairement demeurer une compétence de l'État, voici quelques-unes des questions qui ont orienté la réflexion des auteurs du rapport dans l'élaboration de leurs propositions. Vingt ans après la décentralisation, le rapport estime que l'État ne peut plus raisonnablement s'arroger un monopole en la matière.

Le groupe d'étude s'est attaché à prendre en considération certaines expériences étrangères particulièrement novatrices en matière de consultation du public, notamment l'exemple du bureau des audiences publiques sur l'environnement (BAPE) au Québec, qui fait se succéder une phase de présentation du projet et une phase de discussion de celui-ci. Une attention particulière a été portée à l'état actuel et aux développements prévisibles du droit international et du droit communautaire dans cette matière. Dès 1993, un rapport de la commission européenne sur l'application d'une première directive de 1985 insistait en effet sur le fait que les évaluations des projets et la consultation du public sont effectués à un stade déjà trop avancé du processus décisionnel ; et plus récemment une directive 97-11 CE du 3 mars 1997 a renforcé les exigences en matière de concertation ou de participation des citoyens dans les processus de décision publique concernant la réalisation d'aménagements ou d'équipements[1].

§ 2. PROPOSITIONS

Les *propositions du rapport*, ramenées à leurs éléments essentiels, sont les suivantes.

1. Agir en amont de la conception du projet

La majeure partie des projets importants s'insèrent dans un cadre préexistant, constitué par des documents dont les finalités et les zones d'application géographique sont diverses : schémas directeurs, schémas de services, documents d'aménagement et d'urbanisme, etc.

Pour faire de ces documents des outils plus légitimes, mieux adaptés et mieux respectés, il y aurait lieu de rendre plus claires et plus simples les procédures de consultation qu'ils comportent souvent, et sans doute, comme proposé au point 5, de les soumettre à une *instance de garantie* du système des débats et des enquêtes, plus particulièrement chargée de veiller à l'organisation de la consultation.

2. Soumettre les projets de grande ampleur, à l'amont de leur élaboration, à un rendez-vous initial de consultation du public

Au terme de cet examen de l'avant-projet, portant sur le principe et la justification de l'équipement ou de l'aménagement envisagés, le

1. Le délai pour transposer cette directive était de deux ans – seuls deux États sur les quinze se sont intégralement acquittés de cette obligation.

maître d'ouvrage (État ou collectivité territoriale) déciderait s'il y a lieu d'aller plus avant dans l'élaboration du projet et dans cette hypothèse conclurait cette phase initiale par une déclaration d'avant-projet.

Un « cahier des charges » tirant les conclusions de la consultation serait alors établi pour définir les objectifs et contraintes à prendre en compte dans la seconde phase d'élaboration détaillée, conformément aux engagements acceptés par les différents protagonistes.

3. Redéfinir la place de la déclaration d'utilité publique dans l'appréciation de l'intérêt général, en vue notamment d'une répartition des compétences plus équilibrée entre l'État et les collectivités territoriales

La déclaration d'utilité publique (DUP) ne serait pas vidée de sa substance mais plutôt enrichie par la mise en œuvre d'une élaboration du projet en deux étapes comme proposé ci-dessus.

Par ailleurs le rapport formule quatre propositions concernant l'ensemble des DUP.

– Actuellement en l'absence de texte, il n'y a lieu à DUP que pour autant que la réalisation d'un projet soit subordonnée à l'expropriation *d'un bien immobilier privé*. Pour l'avenir, le groupe de travail préconise d'utiliser la DUP pour constater formellement *l'intérêt général* qui s'attache à la réalisation de l'ensemble des projets de quelque importance, quelle que soit l'incidence sur la propriété privée.

Dans un premier temps pourraient être soumis à DUP tous les projets entrant dans le champ du décret du 23 avril 1985 (enquêtes dites « Bouchardeau »).

– En l'état actuel du droit, les DUP ne sont soumises à aucune obligation de *motivation*. Pour l'avenir, les expropriations et les transferts domaniaux devraient être désormais motivés.

– Actuellement un projet entériné solennellement par le biais d'une DUP peut être par la suite entravé par l'une des autorités administratives qui auraient dû normalement être amenées à s'exprimer avant la mise à l'enquête. Une remise à plat totale du système de « l'instruction mixte » issu d'une loi de 1952 est préconisée par le rapport afin que *la concertation interadministration* intervienne en temps utile.

– Quant aux compétences respectives de *l'État* et *des collectivités territoriales*, le rapport prend une position nécessairement nuancée : la DUP, en tant qu'elle fonde légalement la dépossession de biens privés, doit nécessairement rester, comme aujourd'hui, une *compétence de l'État*. Il en va de même des transferts entre collectivités territoriales et des « polices spéciales » gérées par certains ministères, qui relèvent d'un raisonnement comparable. Mais, vingt ans après le lancement de la décentralisation, l'État ne peut conserver de monopole absolu en matière de constatation de l'utilité publique.

Le groupe de travail propose donc de donner aux collectivités territoriales qui sont à l'origine d'un projet le pouvoir de consacrer de manière formelle l'intérêt général qui s'y attache en adoptant une *« déclaration de projet »*. Cette décision formelle aurait pour effet de saisir l'État des demandes de transfert domanial ou d'expropriation correspondantes, en imposant à celui-ci des délais précis pour répondre, un éventuel refus étant soumis au contrôle du juge administratif.

4. Simplifier et moderniser le système des enquêtes et des autorisations de travaux

Il s'agit d'abord d'adapter et de réévaluer la fonction des *commissaires enquêteurs* : parfois critiqués par les associations d'usagers ou par les élus locaux, ils n'ont pas vocation à perdre leur indépendance ni à se professionnaliser, même si leur recrutement devrait parfois être diversifié, et si le recours complémentaire à l'expertise est nécessaire : cette dernière a été prévue par l'article 2 de la loi du 12 juillet 1983 modifiée par celle du 2 février 1995 (dite loi « Barnier »), mais n'a pas été mise en œuvre faute de décret d'application…

Mais la simplification des procédures s'impose prioritairement. Le groupe de travail a constaté qu'en termes de formalisme, les limites du système étaient aujourd'hui atteintes : les textes de procédures se sont faits toujours plus précis, plus exigeants et plus complexes, ce qui aggrave les risques contentieux.

Ni les maîtres d'ouvrage, ni les élus, ni les usagers ne comprennent les raisons pour lesquelles la réalisation de travaux ayant pourtant fait l'objet de DUP se trouve suspendue pour une durée indéterminée du fait de l'absence de délivrance des autorisations nécessaires par les services de l'État.

À défaut de préconiser une autorisation de travaux unique qui se heurte au principe de l'indépendance des législations concernées, le rapport propose que la DUP mentionne désormais la liste des autorisations de travaux à la délivrance desquelles la réalisation du projet reste subordonnée et précise le délai de formulation des demandes et d'analyse des dossiers au-delà desquels des arbitrages seraient demandés à la coordination interministérielle.

5. Transformer la commission nationale du débat public en une instance garante de l'ensemble du système des débats, consultations et enquêtes.

Pour garantir le système et agir « en amont » comme souhaité dans la première proposition du rapport (voir ci-dessus), le groupe d'étude propose de profiter de l'expérience de la commission nationale du débat public mise en place par la loi 95-101 du 2 février 1995 relative au renforcement de la protection de l'environnement.

À tort ou à raison, cette formule a été perçue comme faisant la part belle à l'État, qui est certes le garant fondamental de l'intérêt général, mais qui a fréquemment intérêt à la réalisation des projets – lors même qu'il n'en est pas le maître d'ouvrage – ce qui place les services parfois dans la position de juges et de parties.

Il s'agit donc de permettre aux autorités de l'État de mieux exercer les compétences qui sont les leurs en donnant aux débats, procédures et enquêtes un surcroît de créativité, dont doivent bénéficier les avis que la commission pourra donner aux diverses parties présentes à l'élaboration des projets.

L'instance résultant de la transformation de la Commission nationale de débat public aurait des missions et des moyens plus étendus que ceux de l'actuelle CNDP. Outre une fonction générale de garantie du système, mentionnée au point 1 ci-dessus, son rôle premier serait de fixer le champ, les objectifs et les modalités des consultations intervenant sur les projets de grands aménagements et équipements, d'en assurer le suivi, et plus généralement :
– d'aider ceux auxquels il incombe de consulter le public à le faire dans des conditions et à un moment adéquats ;
– de veiller au respect des droits et intérêts de ceux qu'il y a lieu de consulter.

En faisant ces propositions, le groupe d'étude a souhaité que la Commission prenne une part active au développement d'une véritable culture du débat public dans notre pays, où elle n'est à ce jour qu'émergente et où elle est en tout état de cause beaucoup moins développée que dans certains pays comparables.

Postérieurement à la remise du rapport au Premier ministre, ses services ont donné des instructions pour qu'une concertation interministérielle soit rapidement engagée afin de tirer les conséquences du rapport. Le ministère de l'aménagement du territoire et de l'environnement a été désigné comme « chef de file ». Un premier bilan de cette concertation, définissant dans un premier temps le champ des réformes législatives devant être prioritairement retenues, a été présenté par Mme la ministre de l'Environnement, sous la forme d'une communication en Conseil des ministres, le 27 septembre 2000.

CHAPITRE 4
LA SANTÉ EN DÉBATS

Un autre domaine privilégié d'expérimentation des débats publics, sous des formes diverses, est celui de la Santé. Domaine de la vie quotidienne, les questions auxquelles le débat doit répondre y sont d'une autre nature que dans le domaine de l'aménagement. La représentation des questions de santé dans la population, parce que celle-ci attache une importance particulière à la prévention et attend d'abord une meilleure information sur le fonctionnement du système de santé, est en effet extrêmement différente de celle véhiculée par les professionnels de santé, les experts et les pouvoirs publics.

Le premier intérêt du débat ne serait-il pas alors de faire évoluer le point de vue des administrations ainsi sans doute que celui de certains professionnels de santé ? Un premier bilan est tenté dans ce chapitre, alors même que, là encore, des évolutions sont en préparation.

Comment orienter ces évolutions quand la difficulté qu'il y aurait à organiser de façon permanente le débat public ressort des premières expériences ? Comment susciter une participation active des usagers quand les attentes sont plus grandes à l'égard des questions de fonctionnement quotidien du système de santé que vis-à-vis de son organisation générale ? L'expérience des États généraux de la Santé, organisés en 1998 et 1999, et celle des conférences régionales de santé permettent de mettre en perspective le rôle du débat public, et la place que lui donne le projet de loi sur la modernisation de la santé.

LES ÉTATS GÉNÉRAUX DE LA SANTÉ : REMÉDIER PAR LE DÉBAT PUBLIC À UNE GESTION TECHNOCRATIQUE ?

Anne-Marie Brocas *

Les états généraux de la santé trouvent leur origine dans le programme de campagne du Premier ministre critiquant les méthodes employées en 1995 pour réformer le système de santé. Les modalités en ont été précisées lors d'une communication en Conseil des ministres, présentée le 13 mai 1998 par Bernard Kouchner, secrétaire d'État chargé de la Santé.

De façon préliminaire, il paraît utile de présenter la façon dont l'opération était conçue :

UNE OPÉRATION ORGANISÉE DE FAÇON DÉCONCENTRÉE

Au niveau national, un Comité de pilotage composé majoritairement d'experts et de personnalités supervisait l'organisation générale, les méthodes employées et définissait une quinzaine de thèmes pour lancer le débat. Les thèmes retenus étaient extrêmement généraux : le droit de vieillir, les jeunes et la santé, l'accès aux soins, la prévention etc. Pour chaque thème, un Comité d'experts était chargé d'élaborer une note de problématique et devait servir de référent aux intervenants locaux.

L'opération elle-même était conduite dans chaque région par des comités de pilotage placés sous l'autorité des préfets de région. Les directions régionales des affaires sanitaires et sociales étaient ainsi la cheville ouvrière de l'organisation et de l'animation des États généraux de la Santé. À leur initiative ou à celle de différents partenaires tels que les associations, les organismes sociaux, les mutuelles ou

* Administrateur civil, Anne-Marie Brocas a été responsable de l'organisation des États généraux de la santé.

encore les élus locaux, plus de 700 débats se sont tenus à travers toute la France de novembre 1998 à mars 1999. On estime à près de 200 000 le nombre de personnes qui y ont participé.

Dans les régions, une vingtaine de questionnaires ont été diffusés auprès de la population par voie de presse ou par l'intermédiaire de mutuelles. Une opération d'une envergure particulière mérite d'être signalée : Les États généraux du cancer initiés dans le cadre des États généraux de la Santé par la Ligue nationale de lutte contre le cancer.

L'OBJECTIF PRIVILÉGIÉ : LA MOBILISATION ET L'IMPLICATION DE LA POPULATION

Le choix fait, était de multiplier les occasions de débat, d'aider à l'émergence des initiatives les plus diverses. Cet objectif a marqué la conception d'une des opérations phares des États généraux de la Santé : les forums citoyens. Chaque région était en effet tenue d'organiser un forum citoyen sur un des quinze thèmes nationaux, à son choix. Le forum citoyen prenait la forme d'une réunion publique d'une demi-journée ou d'une journée confrontant un jury d'une quinzaine de citoyens « candides » à des experts. Utiliser la méthodologie des conférences citoyennes mise en œuvre pour les organismes génétiquement modifiés aurait supposé de longs délais et une normalisation des forums organisés dans chaque région. Là aussi, le choix a été fait de laisser une large autonomie aux régions. Selon les cas, les jurys ont été recrutés par voie de presse ou par le truchement d'instituts de sondage. Les modalités de préparation des jurys au débat ont été extrêmement variables. Dans tous les cas, le soin a été laissé aux jurys d'élaborer les questions à poser aux experts et de rédiger des conclusions comprenant des éléments de constat et des préconisations.

L'opération des États généraux a été clôturée au mois de juin 1999 par une journée organisée en présence du Premier ministre au cours de laquelle ont été présentés un rapport d'ensemble du Comité de pilotage national, des rapports élaborés par chaque région sous la responsabilité des Comités de pilotage régionaux et, enfin, quinze rapports thématiques élaborés par les Comités d'experts nationaux, commentant les écarts entre leur problématique initiale et les problématiques issues des forums citoyens. Un projet de loi traitant des droits des usagers de la Santé, en cours de préparation, devrait répondre aux préoccupations exprimées dans ces différents rapports.

Les réflexions relatives aux États généraux de la Santé envisagés comme un exemple d'organisation du débat public peuvent être articulées autour de trois questions :

1. Quelle légitimation les pouvoirs publics recherchaient-ils en organisant les États généraux ? Quelle légitimité y ont-ils gagné en définitive ?

2. Pouvait-on organiser le débat de façon pertinente, s'agissant d'un champ aussi vaste que celui de la santé ?

3. Les difficultés rencontrées pour recueillir l'opinion des usagers ne devraient-elles pas conduire à donner plus de place dans le secteur de la santé à des mécanismes décentralisés, analogues à ceux du marché, révélateurs des préférences individuelles ?

§ 1. ÉTATS GÉNÉRAUX ET LÉGITIMITÉ DES ACTEURS

A. LE CHOIX DES ACTEURS DU DÉBAT

On trouve, à l'origine des États généraux de la Santé une critique des professionnels de santé et des élus, notamment de gauche, mettant en cause le caractère technocratique et autoritaire des réformes entreprises par les pouvoirs publics et la logique comptable supposée animer de façon exclusive leur démarche.

On pouvait s'attendre à ce que les États généraux réunissent en conséquence les professionnels et experts habituellement convoqués pour débattre avec les pouvoirs publics des questions de santé. Par le choix des acteurs du débat, les pouvoirs publics ont, au contraire, entendu échapper à la confrontation bien connue entre administrations, professionnels et experts. Le public le plus large était en effet convié à s'exprimer au cours des États généraux de la Santé.

Étrangement, peu de protestations ont été formulées vis-à-vis de ce choix. C'est que les acteurs du système s'accordent à penser qu'il est possible de connaître *a priori* les besoins de santé de la population et qu'il est, en conséquence, légitime de lui demander de les exprimer sans intermédiaire. Bien que consensuelle, cette opinion mérite d'être discutée.

B. LES ACTEURS EFFECTIVEMENT MOBILISÉS DANS LE DÉBAT

Malgré une faible couverture médiatique, les États généraux ont mobilisé un très large public : 350 jurés et 7 000 participants aux seuls forums citoyens, près de 200 000 participants à l'ensemble des manifestations organisées dans 180 villes de France. Cette affluence témoigne de l'appétit de la population pour débattre des questions de santé.

Si, bien entendu, des professionnels de santé, des membres d'associations de malades, des syndicalistes et des représentants des mutuelles se sont rendus dans les réunions et s'y sont exprimés, les « candides » étaient aussi largement représentés. Toutefois, conviés à s'exprimer en tant que citoyens, ils ont le plus souvent développé un discours d'usagers. Ils ont en effet moins exprimé un point de vue général et global, politique, sur les questions débattues qu'une approche particulière et circonstancielle, celle de l'utilisateur réel ou potentiel du système à qui il n'appartient pas d'intégrer a priori les contraintes de fonctionnement du système, ou de prendre en considération la nécessité d'arbitrages généraux.

L'ampleur de la mobilisation à l'occasion des États généraux de la Santé a finalement légitimé la démarche des pouvoirs publics consistant à consulter directement la population sur les questions de santé.

L'expérience a, toutefois, laissé entières des questions qu'une pérennisation de cette forme de consultation suppose de trancher. La première est la question de savoir comment combiner l'intervention du parlement, celle des organisations syndicales et celle de la population qui, toutes sont porteuses d'une expression démocratique et ne sont sûrement pas exclusives les unes des autres. La deuxième est de savoir comment prendre en compte une diversité de points de vue particuliers et d'intérêts concrets dans un système centralisé et régi par des règles de portée universelle. Ces points de vue particuliers peuvent être incarnés par des associations de malades, des associations de consommateurs ou d'usagers des services publics ou encore des jurys de citoyens ou d'usagers recrutés de façon circonstancielle. Un collectif inter-associations destiné à fournir une représentation coordonnée vient de se constituer dans le secteur de la santé.

Enfin, il faut souligner que si les prolongements donnés à l'expérience des États généraux de la Santé étaient insuffisants et si celle-ci n'était pas suivie par des changements concrets dans les procédures de décision et les modes de gestion du système de santé, alors la légitimité de l'État et sa crédibilité s'en trouveraient affaiblies. Il y a donc maintenant, en quelque sorte, une obligation de faire.

§ 2. ÉTATS GÉNÉRAUX ET CONTENU DU DÉBAT

A. UN PREMIER DÉBAT « PRISE DE POULS »

Les remontées des États généraux de la Santé ont eu pour premier intérêt de témoigner d'une représentation des questions de santé dans la population extrêmement différente de celle véhiculée par les professionnels de santé, les experts et les pouvoirs publics. L'appréciation par le public de ce qui entre dans le domaine de la santé est extrêmement large. Elle ignore la distinction entre secteurs sanitaire et social, pourtant centrale dans la structuration des politiques publiques. Elle intègre largement des problématiques relatives au cadre de vie (par exemple, l'aménagement de l'habitat des personnes vieillissantes), ou aux revenus (par exemple, le niveau des revenus des personnes les plus démunies). Elle porte un intérêt particulier à la question de la prévention, suivant l'adage populaire qui dit qu'il vaut mieux prévenir que guérir.

Alors que la généralité des thèmes retenus pouvait faire craindre une certaine dilution du débat, les remontées des États généraux ont eu du sens et de la force par la constance et la répétition des opinions exprimées. Ces opinions peuvent être regroupées en cinq thèmes : l'insuffisance de l'information diffusée au sein du système de santé et son opacité, la défaillance des relations interpersonnelles entre soignants et soignés faisant fi de la dignité de ces derniers, la trop faible place consacrée à la prévention, les difficultés d'accès au système de santé et, enfin, le souhait d'une participation directe du public au fonctionnement concret du système.

Enfin, de façon plutôt rassurante, le public consulté n'a à aucun moment prétendu avoir une opinion sur tous les sujets, il a, en particulier, assez constamment renvoyé aux gestionnaires et aux experts le soin de traiter des arbitrages rendus nécessaires par l'existence de contraintes financières ou ceux relevant d'une appréciation médicale ou technique.

B. LE CHOIX DÉLICAT DES QUESTIONS À METTRE EN DÉBAT

La santé constitue un sujet à facettes multiples. La consultation et le débat citoyens peuvent en conséquence se situer à différents niveaux s'agissant des questions relatives à la santé. L'appétit de débat et de participation du public est cependant extrêmement variable selon les questions évoquées. Il en est de même de la pertinence de son intervention.

On peut opposer les microdécisions relatives au fonctionnement quotidien du système de santé pour lesquelles le désir de participation active des usagers est sûrement le plus grand, et les macrodécisions relatives aux choix globaux orientant l'organisation générale et l'allocation des moyens au sein du système de santé pour lesquelles la demande formulée porte essentiellement sur une information de caractère général. C'est sûrement pour éclairer les microdécisions que l'avis des usagers du système est le plus utile, permettant de mobiliser leur expérience concrète et leur savoir.

À bien des égards, les États généraux de la Santé ont constitué une prise de « pouls » intéressante. Un des intérêts (non des moindres) a été de faire évoluer le point de vue des administrations impliquées dans l'opération, ainsi sans doute que celui de certains professionnels de santé présents. Les conclusions présentées montrent toutefois le peu d'intérêt qu'il y aurait à poser à de brefs intervalles les mêmes questions qui appelleraient vraisemblablement les mêmes réponses.

Dans l'hypothèse d'une pérennisation du débat public dans le domaine de la santé, les formes à retenir pour mobiliser avis et expériences du public sont loin d'être évidentes : enquêtes de satisfaction, conseils ou comités d'usagers, droit d'ingérence d'associations. Chacun en connaît l'intérêt mais aussi les faiblesses. Elles sont étroitement liées aux questions que l'on souhaite soumettre à une consultation ou une intervention directes du public.

§ 3. DES MÉCANISMES INSPIRÉS DU MARCHÉ COMME ALTERNATIVE AU DÉBAT

Les développements qui précèdent montrent la difficulté qu'il y a à organiser de façon permanente le débat public dans le domaine de la santé alors même que la population attend avec beaucoup d'impatience une meilleure prise en compte des besoins qu'elle ressent dans le fonctionnement du système.

Ceci conduit à se demander (mais c'est peut-être un autre débat) si l'introduction de mécanismes analogues à ceux du marché, révélateur traditionnel des préférences individuelles, ne serait pas de nature à répondre à un certain nombre des questions que l'on entend résoudre en organisant la consultation directe de la population. Il ne s'agit pas, bien sûr de revenir sur le principe de quasi gratuité des soins assuré de fait par les régimes de sécurité sociale et les assurances complémentaires. Il s'agit, en réalité, d'introduire dans le système de santé une plus grande liberté pour le patient dans le choix du professionnel ou du service auquel il s'adresse. Cette liberté est bridée par la planification qui régit l'organisation du système de santé et par l'absence de transparence de ce dernier pour l'usager. Si cette liberté était accrue, elle permettrait au patient de mettre en compétition pour la satisfaction de ses besoins, structures et professionnels de santé. Elle exercerait une pression pour l'amélioration du service rendu, sa qualité, mais favoriserait sans doute aussi l'émergence d'une diversité des réponses aux besoins exprimés qu'une planification centralisée ne permet pas.

Une telle décentralisation de la régulation du système n'exclut pas la nécessité de décisions politiques donnant lieu, le cas échéant, à débat public sur des questions telles que :
- la place respective accordée aux mécanismes de choix centralisé et aux mécanismes décentralisés inspirés du fonctionnement du marché.
- l'organisation générale du système de santé et les principes d'allocation des moyens en son sein.
- la validation de l'information par une expertise fondée rationnellement.

L'idée de promouvoir le débat public dans le secteur de la santé se nourrit de la crise des représentations traditionnelles, politiques ou syndicales. Développer des formes directes de consultation de la population sur les questions de santé ne dispense pas pour autant de revivifier les formes classiques du débat démocratique en améliorant les conditions de l'intervention du parlement sur les questions de santé et en poursuivant la clarification du partage des responsabilités entre l'État et les partenaires sociaux.

Par ailleurs, des mécanismes de choix décentralisés analogues à ceux du marché permettraient, sans doute, de ramener à des proportions plus modestes le problème de la prise en compte effective des aspirations et de la participation directe de la population dans le domaine de la santé. Les outils permettant la mise en œuvre de tels mécanismes existent, tels que la tarification à l'activité, la certification des professionnels et la normalisation des pratiques. Cependant, ils se combinent aujourd'hui avec les outils traditionnels de la gestion publique fondée sur la planification autoritaire et l'allocation centralisée des moyens. Une clarification sur ce point serait sans doute nécessaire.

C'est, envisagé dans ce cadre plus vaste, que le développement du débat public et de la participation citoyenne dans le domaine de la santé échappera au risque de n'être que le dernier avatar moderniste d'une gestion technocratique.

LES CONFÉRENCES RÉGIONALES DE SANTÉ, UNE INVENTION PROGRESSIVE

Laurent Rabaté *

Depuis le Livre blanc sur la santé (et même avant), on sait que la définition de priorités de santé publique permettrait de ne plus seulement payer de manière passive et finalement coûteuse. Encore faut-il rechercher un consensus, et créer pour ce faire les procédures adaptées. Différents outils ont été successivement, et on peut l'espérer, progressivement imaginés, pour introduire le débat dans le domaine de la santé publique.

§ 1. AVANT LES CONFÉRENCES DE SANTÉ

Plusieurs démarches ont existé concurremment au ministère, sans cohérence entre elles :

Les schémas régionaux d'organisation sanitaire ont d'abord été pilotés par les directions régionales de l'action sanitaire et sociale (DRASS). Ils sont à présent pilotés par les agences régionales d'hospitalisation. Il s'agit du volet hospitalier de l'offre de soins, issu de la loi de 1991[1] (elle même refonte de la loi hospitalière de 1970). À cette occasion ont ainsi été mis en place, dans le but de sortir d'un schéma jugé trop technocratique, les documents concertés que sont les schémas régionaux d'organisation sanitaire. Il s'agissait de débats portant plutôt sur l'organisation de l'offre hospitalière que sur la santé

---

* Conseiller référendaire à la Cour des Comptes.

N.B. L'association *Services Publics* a organisé une réunion sur ce thème en juin 1998 autour d'Emmanuelle Mengual, adjointe au directeur général de la Santé, et du préfet Paul Bernard. Les notes prises alors ont été complétées par les apports les plus récents, notamment par le projet de loi sur l'accès aux soins.

1. Loi n° 91-748 du 31 juillet 1991 portant réforme hospitalière.

publique. Ils ont néanmoins été les premiers moments de démocratisation, d'ouverture et de débat en la matière.

À la même époque, au début des années 1990, le Haut comité de la santé publique est créé, avec pour mission de mettre en forme et débattre des grandes questions de santé publique. Il est présidé par le ministre et réunit des personnes qualifiées et des représentants d'institutions. Le Haut comité a mené un certain nombre de travaux, dont le premier a été un rapport sur l'état de santé des Français. Ce rapport a révélé des éléments paradoxaux, entre un constat global très positif et quelques constats ponctuels inquiétants. Il soulignait par ailleurs, à côté des inégalités sociales prévisibles, d'inattendues disparités régionales.

Ces disparités ont éveillé le désir de débats et le Haut comité lui-même a commencé à organiser la présentation de constats globaux différenciés pour chaque région. C'est là qu'a commencé à naître l'idée des conférences régionales. Parallèlement le comité et la direction générale de la santé ont souhaité une programmation sur des grands thèmes de santé publique dans les régions.

§ 2. LES CONFÉRENCES RÉGIONALES DE SANTÉ

En avril 1996, Alain Juppé confirme ces dispositions par des ordonnances qui consacrent la création d'une conférence nationale de santé, son articulation avec le projet de loi de financement, et les conférences régionales.

Ces conférences régionales n'ont pas vocation à être des forums publics ouverts à tous. La question du degré d'ouverture se pose néanmoins. Les contacts avec l'usager du système de santé et du système de soins sont faibles. En dehors des associations de lutte contre le SIDA, les regroupements d'usagers du système de santé sont rares et ont peu de force. Ce manque d'interlocuteurs organisés rend plus difficile un véritable débat public en matière de santé. Les conférences régionales pourraient être incontestablement un moyen de parvenir à des progrès.

A. COMMENT SONT ORGANISÉES CES CONFÉRENCES ?

Il convient tout d'abord de comprendre les objectifs. Dans la politique hospitalière et de santé publique, on peut distinguer d'un côté la stratégie, avec le schéma régional d'organisation sanitaire et sociale, qui vise le moyen terme (cinq ans) ; en second lieu la programmation des équipements, l'affectation et contrôle des crédits publics, par l'agence régionale d'hospitalisation, et enfin l'action. C'est en vue de ce dernier aspect que la conférence se réunit.

La conférence comprend de 50 à 300 membres suivant l'importance de la région, dans la proportion d'1/5 au moins et d'1/3 au plus des représentants de chacun des groupes suivants : représentants des services de l'État, représentants des personnels de santé, institutions des secteurs publics et privés…

La conférence se tient chaque année. Un jury, désigné par le préfet de région, comprend de 8 à 10 personnes choisies pour leur compétence et leur disponibilité. Le jury est un relais de médiation et de conduite d'opérations pour éviter que les représentants de l'État ne soient seuls « pilotes » de la procédure.

Un diagnostic et une liste d'actions prioritaires sont ainsi établis chaque année. On peut prendre l'exemple de la conférence régionale de santé organisée dans la région Rhône-Alpes, voulue comme un outil à la disposition de tous les décideurs en matière de santé publique. Un sondage avait été réalisé auprès de la population sur les maladies ou dangers appelant une action prioritaire. La convergence entre tous les départements de la région était frappante. La dépression et les suicides arrivaient en tête des préoccupations. La conférence régionale a tenu compte de cette enquête, et a retenu la prévention des suicides parmi ses priorités, en l'associant aux problèmes de la ville, à la lutte contre l'alcoolisme et la toxicomanie. Une campagne ciblée a été décidée à partir de ces constatations.

B. QUEL BILAN (PROVISOIRE) PEUT-ON TIRER DES PREMIÈRES ANNÉES DE MISE EN ŒUVRE ?

Les *conférences régionales de santé* sont l'exemple type d'une politique déconcentrée, interministérielle et partenariale. Elles dépassent largement le cadre du ministère de la santé : dimensions de sécurité, de politique de la ville, jeunesse et sport, formation universitaire, aménagement du territoire. Elles peuvent permettre une mobilisation de tous les acteurs qui contribuent à la politique de santé publique, non seulement les services de l'État, mais aussi les associations, les élus, les milieux médicaux, la sécurité sociale…

Mais peut-on engager un débat public sur un thème aussi général, sans qu'il soit préparé par des enquêtes et des études préparatoires ? Sans ces éléments préparatoires, on risque une amplification médiatique, en forme de feu de paille, on risque de déformer et de simplifier les problèmes, avant de s'en désintéresser. Or à l'inverse une politique de santé publique doit jouer sur la continuité et l'approfondissement, tant aux plans scientifique qu'opérationnel.

Les conférences régionales de santé possèdent la mission de dégager des priorités en matière de santé et établir des propositions pour améliorer la santé publique, à l'échelon régional, en regard de l'ensemble des moyens dont dispose la région dans ce domaine. Elles ont aussi une mission nationale, articulée avec la *conférence nationale de santé*. Un représentant de chaque conférence régionale siège à la conférence nationale. Ces représentants doivent faire remonter au plan national les thèmes de réflexions des différentes conférences régionales. La fonction de la conférence nationale de santé peut sembler incertaine. Selon les textes, elle doit alimenter les travaux d'élaboration de la loi de finances en faisant prendre en compte les priorités dégagées, afin que les aspects financiers ne fassent pas oublier la dimension qualitative.

On le voit, de nombreuses questions sont sous-jacentes, car les objectifs des conférences (régionales et nationale) de santé peuvent paraître ambigus : on semble implicitement admettre que certains arbitrages à caractère financier ont de tels effets sur la population, en termes de santé publique, que l'administration n'a pas toute légitimité pour opérer les choix elle-même. Deux voies, en apparence complémentaires, s'offrent alors : d'une part, on peut avoir la tentation de recourir à la légitimation par l'expertise, de l'autre d'interroger la population. Mais il existe potentiellement une contradiction entre ces deux voies que l'on semble vouloir faire coexister. L'efficacité de sondages pour évaluer les besoins en termes de santé est tout à fait discutable. Des études épidémiologiques seraient sans doute des indicateurs plus pertinents, même s'il est instructif de connaître la perception et la représentation de ces problèmes que révèlent les enquêtes auprès de la population.

Plus essentiellement, quel lien peut exister entre un dispositif annuel et une stratégie de long terme ? La conférence est-elle un lieu purement consultatif ou donne-t-elle lieu à des décisions ? Un débat public qui n'est pas articulé de manière rigoureuse avec la décision risque d'être un leurre, un simulacre de démocratie.

§ 3. LES DISPOSITIONS NOUVELLES DU PROJET DE LOI SUR LA MODERNISATION DE LA SANTÉ

Ces questions et la volonté de progresser vers une plus grande rigueur dans les méthodes inspirent les dispositions prévues dans le projet de loi relative, notamment, à la place de l'usager dans le sys-

tème de soins, qui reformule les missions respectives de la conférence nationale de santé, et des conférences régionales, en instituant désormais un conseil régional de la santé, dont la mission est de « contribuer à la définition et à la mise en œuvre des politiques régionales de santé ». La définition détaillée des points qui doivent désormais être évoqués vise à harmoniser les pratiques, et à élargir l'horizon. Le conseil régional de santé, selon ce projet de texte :
« – analyse l'évolution des besoins de santé et procède à l'examen des données relatives à la situation sanitaire et sociale de la population, propres à la région ;
– établit, au début de chaque année, le bilan de l'application de la politique de santé dans la région, et propose des priorités de santé publique et d'organisation des soins pour l'année suivante ;
– établit un rapport de synthèse sur la qualité des actions de prévention et des soins dans la région ;
– procède à l'évaluation des conditions dans lesquelles sont appliqués et respectés les droits des personnes malades et des usagers. Cette évaluation fait l'objet d'un rapport spécifique ;
– peut organiser des débats publics permettant l'expression des citoyens sur des problèmes de politique de santé et d'éthique médicale. »

On le voit, en particulier avec ce dernier alinéa, la notion de « débat public » est désormais distincte de la mission permanente, institutionnalisée, des anciennes conférences régionales. Une série de consultations obligatoires, au sein de formations spécialisées, renforce encore ce caractère désormais plus institutionnel.

On a ainsi comme deux étages, l'un annuel, avec des points obligés, avec des acteurs institutionnalisés ; l'autre facultatif, encore imprécis, permettant d'élargir les thèmes traités et le cercle des personnes invitées.

CHAPITRE 5
DE NOUVEAUX TERRITOIRES POUR LES DÉBATS

Les choses changent – mais peut-être moins vite en France qu'à l'étranger, moins vite que semble encore l'indiquer la demande de débats adressée à la justice ou aux experts. Des caractéristiques communes paraissent pourtant se dégager des diverses expériences institutionnelles de débat public : la volonté de fournir des expertises de qualité, la visée de permettre la correction ou l'enrichissement par le débat des constats produits par l'administration, l'acceptation de la mise en discussion des solutions proposées, la définition de règles du jeu pour organiser la discussion publique.

Peut-on pour autant en tirer une méthode générale, en dégager des principes qui garantissent une réelle participation des citoyens ainsi qu'une formulation plus acceptable de l'intérêt général justifiant les projets et politiques soumis au débat ? Ce chapitre tente, sinon de répondre, tout au moins de préciser ces questions, en présentant les interrogations et les résultats des expériences engagées, notamment à l'étranger, dans de nombreux domaines.

LES EXPÉRIENCES ÉTRANGÈRES D'ÉVALUATION PARTICIPATIVE, DES DÉMARCHES IMAGINATIVES

Dominique Donnet-Kamel *

La démocratie se cherche, et ce n'est sans doute pas un hasard si un grand nombre d'innovations en matière de débat public sont nées dans le champ des politiques scientifiques et technologiques, là où la barrière des connaissances apparaît infranchissable pour tout citoyen ordinaire. *N'y a-t-il pas un paradoxe majeur pour la démocratie qu'une minorité d'experts et de décideurs bien informés soient seuls à déterminer ce qui va influencer la vie quotidienne de tous ?* C'est en ces termes que le *Board of technology* danois, l'équivalent de l'Office parlementaire français des choix scientifiques et technologiques, introduit sa brochure de présentation des « conférences publiques de consensus »[1]. C'est en effet cette institution qui est à l'origine de la création de ces conférences et les a mis en œuvre depuis 1987. Ce processus particulier d'organisation du débat n'est toutefois que l'une des multiples innovations et démarches qui fleurissent en Europe, et qui se qualifient de « participatives ». Toutes présentent comme caractéristique de faire participer des groupes d'acteurs (notamment des citoyens « profanes ») à un processus collectif d'évaluation d'enjeux complexes qui ont trait au développement technologique et aux choix de société.

L'intention de cet article est de faire connaître quelques-unes des expériences menées principalement en Europe, en insistant sur les

* Ingénieur de recherche de l'INSERM, chargée de mission au département de l'information scientifique et de la communication de l'INSERM. Dominique Donnet-Kamel a été membre du Comité de pilotage de la conférence de citoyens sur les organismes génétiquement modifiés en 1998.

1. *Consensus conference, Public debate on new technology*, site internet du Danish Board of Technology : http://www.tekno.dk/. Ce site abrite le programme *EUROPTA*. Voir également, Simon Joss and John Durant (eds.), *Public participation in science, the role of consensus conferences in Europe*, Londres, Science Museum, 1996.

méthodes utilisées. Les informations présentées proviennent de plusieurs sources : *EUROPTA*, le réseau européen d'évaluation participative des technologies qui s'est crée en 1998 pour mener à la fois une réflexion théorique et pratique par une comparaison des expériences, l'*Institute for public policy research* (GB)[2], le *Loka Center*[3] (EU) et le programme de la communauté européenne *(EASW)*.

§ 1. LES CONFÉRENCES PUBLIQUES DE CONSENSUS

Bien que nées dans un contexte politique et culturel spécifique au Danemark où dix-neuf conférences publiques de consensus se sont tenues, celles-ci rencontrent un succès quasi mondial comme en témoigne le recensement réalisé récemment par le *Loka Center* : vingt-quatre conférences publiques de consensus ont été organisées dans douze autres pays : la Grande-Bretagne, les Pays-Bas, l'Autriche, la Norvège, la Suisse, les États-Unis, le Canada, le Japon, la Corée, l'Australie, la Nouvelle-Zélande et Israël. En 1998, la France, à son tour, s'est inscrite dans cette démarche par l'organisation de la conférence des citoyens, traduction autant que transposition du modèle danois, sur les « organismes génétiquement modifiés dans l'alimentation et l'agriculture »[4].

Les conférences publiques de consensus sont certainement le modèle le plus abouti d'une démarche entièrement centrée sur la participation de profanes (*lay people*). Le principe repose sur le recrutement d'un panel de douze à vingt personnes n'ayant aucune connaissance particulière sur le sujet traité. Les modes de recrutement de ce panel se sont beaucoup sophistiqués avec le temps et il existe une palette large de méthodes qui vont de l'annonce dans la presse à des recrutements par des instituts de sondage. C'est la diversité de composition du panel qui est recherchée, en termes d'âge, de sexe, d'origine géographique et d'occupations. Le processus auquel est invité le panel se décompose en plusieurs phases : la première, qui s'écoule sur plusieurs mois, est la formation des profanes par l'acquisition d'informa-

2. Anna Coote et Jo Lenaghan, *Citizens' juries : theory into pratice*, Londres, Institute for public policy research (GB), 1997. Site internet de l'IPPR : http://www.ippr.org.uk/

3. Site internet du Loka Center : http://www.loka.org/

4. Daniel Boy, Dominique Donnet-Kamel, Philippe Roqueplo, « Un exemple de démocratie participative : la conférence des citoyens sur les organismes génétiquement modifiés », *Revue française de science politique*, vol. 50, n° 4-5, 2000, pp. 779-810.

tions ou de connaissances sur le sujet. Elle repose sur un dossier documentaire et deux week-ends de formation. Au terme de ce processus, le panel détermine les questions qu'il souhaite poser à un panel d'experts et définit le type d'experts à inviter. Vient enfin la conférence elle-même qui représente la clé de voûte du processus : elle réunit face à face le panel des profanes et le panel de dix à vingt experts. Elle se tient en public et suit une règle simple : ce sont les profanes qui mènent le débat par leurs questions. La conférence se déroule sur un jour et demi. La dernière phase, la plus difficile, consiste pour le panel des profanes à se réunir à huis clos, et à délibérer collectivement afin de rédiger un avis, ce dernier présentant la position du panel (qui n'a pas nécessairement à être consensuel), ses préconisations et ses recommandations. Cet avis est diffusé lors d'une conférence de presse. L'ensemble de l'organisation est placé sous la responsabilité d'un comité de pilotage, et d'un chef de projet. Un animateur/médiateur est chargé d'accompagner le panel des profanes tandis qu'un modérateur veille au bon déroulement de la conférence.

Dans ce modèle de débat public, l'objectif est de créer un dialogue équilibré entre experts et profanes en donnant le temps à ces derniers d'approfondir leur questionnement et d'acquérir collectivement l'autorité suffisante pour obtenir des réponses à leurs questions. Les experts sont choisis sur la base de leurs compétences tant scientifiques, juridiques, économiques, etc., que professionnelles, ou même, si l'enjeu du débat l'exige, en tant que représentants d'intérêts (associations, syndicats, etc.). L'objectif est de permettre un débat contradictoire pour mieux éclairer l'état des connaissances, les incertitudes, les positions des acteurs et les intérêts en jeu.

Le temps de préparation jusqu'à l'organisation de la conférence dure entre cinq à huit mois, en moyenne. C'est donc un processus long, lourd et assez coûteux. Il est en général mis en œuvre sur des enjeux importants quant à leurs retombées pour l'ensemble de la société, et sur lesquels existent des incertitudes quant à l'attitude et le niveau d'acceptabilité de la population. À titre d'exemple, un grand nombre de ces conférences ont été organisées sur la question des organismes génétiquement modifiés, sur les tests génétiques, et plus ponctuellement sur l'informatisation du trafic routier, sur les applications issues de la cartographie du génome, l'avenir de la pêche, l'avenir de l'électricité, les traitements de l'infertilité, etc.

Dans la grande majorité des cas, ces conférences sont organisées à l'initiative des structures publiques ou rattachées au parlement. Elles ne s'intègrent pas nécessairement dans un agenda politique précis, mais participent souvent d'une démarche globale des décideurs politiques ou publics qui souhaitent avoir des éclairages différents de ceux qui leur proviennent des cercles d'experts ou des cercles professionnels. En ce sens, elles sont une composante de l'aide à la décision.

§ 2. LES JURYS DE CITOYENS

Il s'agit là d'un ensemble de méthodes, moins formalisées que les conférences publiques de consensus, qui ont été mises en œuvre de manière diversifiée par des acteurs différents. Les grandes lignes directrices sont les suivantes : comme précédemment un panel de douze à seize citoyens est constitué, sur une base qui vise à la diversité de composition. L'ensemble du processus est rassemblé sur trois à quatre jours et consiste pour le panel à entendre successivement quatre à cinq témoins, porteurs d'une approche différente du problème traité, qui présentent chacun leur point de vue et leurs propositions. Un temps de questions, après chaque présentation, est aménagé ainsi qu'un temps de délibération interne au panel. Au terme du processus, le panel est invité à répondre à un questionnaire préétabli ou à élaborer un avis. Cet avis est rendu public et est adressé aux autorités commanditaires.

Les jurys de citoyens ont une double origine, allemande avec le développement des *plannungzelle* ou cellules de planification dont le créateur est le Pr. Peter Dienel[5], et américaine avec les initiatives du *Jefferson Center* animé par Ned Crosby[6]. Ces deux modèles ont donné lieu à de nombreuses applications et transpositions. Celles mises en œuvre par l'Institut de recherche sur les politiques publiques, au Royaume-Uni (1996), sont une bonne illustration des contextes dans lesquels ces jurys sont intervenus. Ils ont été réunis sur des choix d'organisation de la santé : à titre d'exemple, les priorités dans les prises en charge médicales, le choix entre plusieurs modèles de soins palliatifs, la prise en charge des personnes handicapées mentales, la réduction des dangers individuels et collectifs liés aux drogues, etc. Ce sont les autorités responsables de la santé au niveau local (tant administratives que dépendant des élus locaux) qui ont été les commanditaires de ces jurys. Deux caractéristiques intéressantes méritent d'être notées : c'est un engagement civique qui est demandé à ces jurés qui sont impliqués en tant que citoyens et non comme usagers de services

5. Peter Dienel, professeur émérite à l'Université de Wuppertal, a créé la méthode, dite des « noyaux d'intervention participative », et l'a mise en œuvre sur de nombreux projets depuis les années 1970.
6. Site internet du Jefferson Center : http//www.Jefferson-Center.org/

de santé, ou comme membres d'un groupe d'intérêt. En retour, les autorités publiques qui initient le processus et qui sont destinataires de l'avis final du panel s'engagent, non pas à suivre les recommandations, car le processus reste de nature consultatif, mais à répondre aux conclusions du jury, dans un délai raisonnable. Dans cette configuration, les jurys citoyens s'inscrivent dans une tentative de rénovation du socle de confiance entre les services publics et le public. Elles visent à améliorer la qualité des décisions en introduisant l'expérience et les points du vue du public et à rendre plus transparentes les organisations en charge de l'intérêt public. Il est à noter que ces jurys citoyens ont été utilisés aux États-Unis par le *Jefferson Center*, dans des périodes électorales, pour approfondir un point particulier du programme des candidats en lice.

§ 3. LES *SCENARIOS WORKSHOPS*

C'est de nouveau au *Board of technology* danois que l'on doit une autre méthode de participation du public que sont les *scenario workshops* ou ateliers de scénarios. Ils s'appliquent à des situations locales, et plus particulièrement à des enjeux de développement au niveau des municipalités ou de zones régionales. L'objectif est de faire délibérer ensemble des groupes d'acteurs impliqués. En général, quatre groupes d'acteurs sont identifiés, les décideurs (les élus ou les représentants administratifs), des experts (scientifiques, juristes, urbanistes, etc.), des représentants des milieux professionnels (par exemple des industries pourvoyeuses de technologies) et des citoyens concernés. Chacun de ces groupes travaille séparément puis collectivement sur des scénarios décrivant plusieurs options de développement afin de stimuler les visions des divers acteurs et de les aider à élaborer leurs propres propositions sur leurs besoins et les technologies qui leur seraient utiles.

La grande originalité de cette démarche tient au caractère imaginatif et concret du support de réflexions et de dialogue que sont les scénarios. À titre d'exemple, des ateliers de ce type ont été mis en œuvre dans plusieurs villes au Danemark sur le thème de l'écologie urbaine. L'objectif était de cerner comment les systèmes urbains pouvaient se réorganiser dans les vingt années à venir pour satisfaire aux critères de développement durable. Quatre scénarios ont été préparés, de deux pages chacun, décrivant une journée quotidienne du futur en fonction de l'usage ou non de nouvelles technologies. Ces scénarios sont complétés d'informations chiffrées, par exemple l'énergie consommée par chacune des technologies, les volumes de déchets solides à recycler, etc. La Communauté européenne[7] a repris cette méthode dans le cadre d'un programme – *European awareness scenario workshop programme (EASW)* – qui a facilité la réflexion sur le développement durable dans près de quarante villes. Ce programme est poursuivi autour de nouveaux enjeux concernant la mobilité, la cohésion sociale et les transports urbains.

§ 4. LES *VOTING CONFERENCES*

Le dernier exemple choisi pour illustrer la diversité des démarches est lui aussi danois. Il offre une configuration très différente des précédents exemples de participation du public. La pollution des eaux souterraines par l'utilisation des pesticides et des fertilisants agricoles en est le sujet. Cent quatre-vingts personnes ont été invitées à se prononcer par un vote sur des « plans d'action » visant à assurer la consommation d'eau potable. Trois groupes constituaient le public de la conférence : soixante citoyens choisis par des méthodes fondées sur le hasard, soixante experts provenant d'une fourchette très large de disciplines, d'institutions ou d'organisations diverses, et soixante politiques issus du parlement ou des gouvernements locaux ou régionaux. Tous les participants ont été appelés à choisir entre cinq plans d'action qui devaient répondre à la question « Comment pouvons-nous assurer une eau potable saine dans l'avenir ? ». Or l'originalité de la méthode résidait dans le fait que ces plans d'action étaient présentés par cinq acteurs : une organisation agricole, l'Association danoise d'agrochimie, l'Association des conseils de comtés, le Centre d'information pour la protection des eaux souterraines (organisation non-gouvernementale), et l'Association danoise pour la fourniture d'eau. Tous sont des acteurs significatifs au Danemark et ont une influence directe ou indirecte sur la qualité de l'eau.

Après la présentation des cinq plans, et une phase de questions-réponses, chaque participant indiquait, par une croix sur un questionnaire, le plan qui lui paraissait le mieux convenir pour assurer une eau potable. Leur réponse était anonyme, seule leur appartenance au groupe des citoyens, des experts ou des politiques était mentionnée. Les deux derniers plans ont reçu le plus grand nombre de suffrages dans tous les groupes. Ces deux plans mettaient l'accent sur le changement de pratiques comme principal moteur de changement.

7. Site internet du CORDIS : http://www.cordis.lu/easw/

§ 5. CONCLUSION

Le zoom sur ces quatre méthodes de participation ne doit pas masquer le fait qu'il existe beaucoup d'autres démarches qui font participer le public à des degrés divers. De manière synthétique, on peut décrire la progression[8] de cet engagement du public selon trois niveaux : dans un premier niveau, le public est la cible d'informations approfondies sur une question particulière ; à un niveau plus sophistiqué, les opinions du public sont activement sollicitées à travers des mécanismes de consultation tels les *focus groups* ou des questionnaires ; enfin, à un plus haut niveau, une partie du public est choisie pour participer à des délibérations qui lui donnent une autorité dans le processus qui mène à la prise de décision. Il est clair que les exemples choisis pour cet article se situent dans la troisième catégorie.

Les exemples choisis montrent à l'évidence l'inventivité des méthodes qui ont été mises en œuvre. Certaines visent essentiellement à faire participer les citoyens, d'autres cherchent plus à créer des espaces de dialogue et de délibération partagés entre plusieurs groupes d'acteurs concernés. Dans toutes les situations, les processus s'appuient sur la définition claire des règles du jeu, du rôle et de la place des acteurs impliqués et, point essentiel, impliquent une production d'avis ou de votes, permettant ainsi aux participants d'évoluer vers une posture de responsabilité.

Il est intéressant de noter, pour conclure, le rôle particulièrement créatif qu'ont joué les Offices parlementaires, tant danois, néerlandais, britanniques que français, dans le développement et la mise en œuvre de ces formes renouvelées de débats publics en Europe. Ces offices, qui ont pour mission d'éclairer les élus sur les conséquences des choix scientifiques et technologiques, se sont vus également confiés, sauf dans le cas français, la responsabilité de développer le débat dans la société. Aider les citoyens à se construire une opinion politique vis-à-vis des enjeux complexes que font naître le développement des sciences et des techniques est une affaire sérieuse qui mérite que l'on s'y penche avec sérieux.

8. Gene Rowe, Lyon J. Frewer, « Public participation methods : a framework for evaluation », *Science Technology and Human Values*, vol 25, n° 1, 2000, pp. 3-29.

PLURALITÉ DE L'EXPERTISE ET DÉBAT DÉMOCRATIQUE

Philippe Roqueplo *

Que ce soit à propos de la maladie de vache folle et de sa transmission à l'homme, de l'effet de serre et des changements climatiques, des organismes génétiquement modifiés et de leurs conditions d'utilisation, de la poursuite ou de l'arrêt des programmes électronucléaires, etc., les scientifiques sont sur la sellette et la science même est en question. De la science, l'opinion attend en général des réponses simples. Par exemple, concernant l'effet de serre : le climat change-t-il et, s'il change, à quoi et à qui en imputer la responsabilité ? Or, à toutes ces questions, les scientifiques ne peuvent le plus souvent répondre qu'en faisant état de leurs doutes, voire de leurs divergences. Quel rôle peuvent-ils alors jouer dans les processus de décision politique ? La divergence des avis spécialisés, la prudence excessive des scientifiques ou à l'inverse les convictions d'experts trop formels, placent en tous les cas les hommes politiques dans une situation nouvelle puisqu'ils ont à faire, ici et maintenant, des choix pouvant engager plusieurs générations ou des pans entiers de l'économie, sans disposer au préalable de certitudes sur les mécanismes qu'affectent leurs décisions.

Qu'attendre alors du recours à l'expertise scientifique ? Quelle place peut-elle tenir dans le débat public concernant des questions qui engagent la vie quotidienne des citoyens ? Répondre à ces questions demande de bien spécifier les problèmes. Il n'est question ici que des expertises scientifiques à finalité politique, portant sur des sujets complexes aux enjeux importants, et relevant des instances nationales.

---

* Directeur de recherche honoraire au CNRS, polytechnicien. Philippe Roqueplo a été conseiller technique au cabinet d'Huguette Bouchardeau, ministre de l'Environnement entre 1981 et 1986, et membre du Comité de pilotage de la conférence de citoyens sur les organismes génétiquement modifiés en 1998.

§ 1. LES FAITS DÉSIGNENT DES INTÉRÊTS ET DES ACTEURS PRÉCIS.

Dans le cas des sujets complexes aux enjeux importants et relevant des instances nationales, auxquels nous limitons notre propos, *les faits désignent des intérêts et des acteurs précis*. Un exemple nous est fourni par l'affaire du dépérissement des forêts, telle qu'elle s'est déroulée en RFA puis au niveau européen dans les années 80. Parler de « pluies acides » revenait à imputer ce dépérissement à la présence de SO_2 dans l'atmosphère, donc à évoquer les foyers de combustion, en particulier les centrales thermiques, et par conséquent à dénoncer les producteurs d'électricité. Parler d'*ozone* orientait aussitôt l'attention sur les gaz d'échappement des voitures, ce qui mettait évidemment en cause l'industrie automobile. Dans ces conditions, le seul fait que l'expertise pose le dilemme pluies acides ou ozone provoquait un confit entre producteurs d'électricité et fabricants d'automobiles, c'est-à-dire une bataille économique majeure.

Il est évident – et là est le point qu'il faut souligner – que de tels enjeux pèsent nécessairement sur les scientifiques fournisseurs d'expertises, lesquels ne sauraient s'abstraire d'un tel contexte, et ceci d'autant plus que l'expertise qu'on leur demande est faite pour fournir aux politiques la « connaissance de cause » dont ils ont besoin pour prendre leurs décisions.

§ 2. LA CONNAISSANCE DE CAUSE FOURNIE PAR LES EXPERTS SCIENTIFIQUES REPOSE SUR LEURS PROPRES CONVICTIONS.

Quand il s'agit d'affaires complexes, la connaissance déborde nécessairement la compétence d'une discipline et aucun scientifique n'en sait dès lors assez pour prétendre formuler la connaissance de cause qui se trouve demandée. Alors, de deux choses l'une. Ou bien le scientifique refuse de jouer ce rôle, mais – dans ces conditions – à qui le politique s'adressera-t-il pour obtenir cette connaissance ? Ou bien le scientifique accepte de tenter de lui répondre à partir de ce qu'il sait mais il sera alors inexorablement conduit à « en dire plus qu'il n'en sait » : à dire non seulement ce qu'il sait, mais *ce qu'il pense sur la base de ce qu'il sait*, donc à exprimer son opinion ou ses convictions. Précisons qu'il ne s'agit pas d'une opinion sur *ce qu'il faut faire* mais d'un diagnostic sur tel ou tel aspect de la situation.

Il convient en effet de bien distinguer l'activité de conseil – à qui l'on demande de se prononcer sur ce qu'il faut faire – de l'expertise scientifique. Située à l'interface de la connaissance et de la décision, la fonction spécifique de l'expert scientifique au sein du processus de décision se situe sur le versant « connaissance » de cet interface et consiste non pas à formuler une décision mais à apporter une connaissance susceptible d'éclairer la décision. *En tout état de cause, dès lors qu'il s'agit d'expertise, il s'agit de connaissance.*

Or, c'est un fait, même de la part de scientifiques du même domaine, ces opinions et convictions sur le diagnostic qu'ils sont chargés de prononcer *sont différentes et souvent contradictoires.* Ainsi en va-t-il du diagnostic sur les risques résultant d'une éventuelle généralisation de l'énergie nucléaire. Ainsi en est-il allé entre les experts à propos du dépérissement des forêts : les uns disaient « c'est le SO_2 », les autres « c'est l'ozone », d'autres « ce sont les bostryches »..., chacun fournissant ainsi des armes ou des boucliers aux acteurs économiques en conflit les uns avec les autres.

§ 3. LA NÉCESSAIRE CONFRONTATION DIRECTE, CONTRADICTOIRE ET PUBLIQUE DES EXPERTS

Devant ce constat du désaccord des experts (si scientifiques qu'ils soient), pourquoi les politiques feraient-ils confiance aux uns plutôt qu'aux autres ? *Sur quoi fonderont-ils leur confiance dans les expertises qui leur sont ainsi proposées par les uns et par les autres ?*

Une solution consiste à faire confiance *à un tel ou à tel autre* : c'est le régime de l'expertise confidentielle dont le politique accepte alors que toute vérification lui échappe. C'est la trop fréquente crédulité aveugle dans les gourous de toutes sortes (qu'on se souvienne des avions renifleurs !). Il en résulte maintes erreurs, plus ou moins rapidement reconnues, et une instabilité quasi permanente des décisions, faute d'un ancrage solide qui limite l'amplitude de telles errances.

La véritable solution (comme en matière judiciaire) paraît devoir être obtenue par l'élaboration progressive de procédures adaptées : dans des affaires complexes aux enjeux importants, relevant de processus décisionnels au niveau national ou international, ces procédures doivent consister en un ensemble de confrontations directes, contradictoires et publiques d'experts (éventuellement liés à des groupes aux intérêts antagoniques) en présence d'un public scientifiquement compétent et surtout des décideurs eux-mêmes ou de leurs mandants.

§ 4. LA TRIPLE FONCTION DES PROCÉDURES DE CONFRONTATION DES EXPERTS

Ces procédures publiques de confrontation des experts rempliraient *une triple fonction* :

– Une fonction d'**objectivation / vérification**, c'est-à-dire de vérification critique effectuée par le débat et la confrontation publique d'experts d'opinions plus ou moins opposées : **le débat démocratique est ici la condition d'objectivité** (ou en tout cas d'objectivation) de la connaissance formulée par le processus d'expertise.

– Une mise des décideurs en présence directe de la procédure, en sorte qu'ils soient témoins du débat critique entre scientifiques, débat qui constitue la seule vérification possible de la procédure d'expertise scientifique ; ayant été ainsi témoins, ils savent désormais que — même s'ils n'ont pas effectué eux-mêmes cette vérification (comment l'auraient-ils pu ?) — ce travail critique a été effectué et que, par conséquent, ils peuvent légitimement faire confiance au résultat obtenu.

– Les experts ayant, chacun à sa façon, « fait parler la science », il en résulte que l'expertise prend la forme d'une sorte de maillage où s'entremêlent certitudes et incertitudes autour d'inéluctables zones d'ignorances. Ce résultat a quelque chose de décevant pour le politique et le conduit à en prendre conscience, mais telle est en général la seule « connaissance de cause » que les sciences peuvent offrir. Il suffit de penser aux affaires des pluies acides, de l'effet de serre, de la vache folle ou des organismes génétiquement modifiés, pour reconnaître que tel est effectivement le statut de l'expertise scientifique sur de telles affaires : cette expertise est incapable de dicter aux politiques ce qu'ils doivent faire, et c'est tant mieux car tel n'est pas son rôle.

Au demeurant l'espace de l'expertise ainsi donné à voir aux politiques n'est pas un espace vide ou informe. C'est un espace organisé, car chaque option politique, en y projetant sa propre lumière, *« fait parler »* à sa façon – donc différemment – les incertitudes et les ignorances de la science ; il peut alors devenir manifeste qu'il existe une sorte de noyau commun mis plus ou moins en évidence par ce pluralisme d'éclairages et d'interprétations. C'est là un point essentiel. Par ailleurs cette procédure met aussi en évidence pourquoi tel expert dit ceci, tandis que tel autre le conteste au nom de cela, c'est-à-dire simultanément la façon dont telle option peut prendre appui sur tel aspect de l'état actuel des sciences, alors qu'elle se trouve mise en question par tel autre expert s'appuyant sur un autre aspect du même état actuel des sciences. Ainsi se trouvent articulées les unes aux autres les diverses options exprimées au cours du processus d'expertise : non seulement articulées entre elles mais articulées avec les éléments du panorama scientifique actuel susceptible de les justifier et infirmer. Il s'agit donc bien, au sens fort du terme, d'une connaissance de cause ou plutôt d'une « connaissances *des causes* » au sens quasi juridique du mot cause[1].

C'est l'espace ainsi ouvert et articulé aux options politiques par le débat entre experts scientifiques d'opinions diverses (voire contradictoires) qui contient et exprime l'expertise. Il est vrai que le politique, désormais dûment informé de l'état actuel des opinions se réclamant de la science, se trouve dès lors renvoyé à sa propre responsabilité sans que ladite science, au nom de son « objectivité », prenne pouvoir sur lui et prétende lui dicter sa conduite.

Une telle procédure publique devrait en outre trouver ses archives dans des revues spécialisées (nationales et internationales) où elles donneraient lieu à des débats entre scientifiques, contestant éventuellement le bien fondé de telle ou telle affirmation. Ainsi le débat s'élargirait, des documents solides seraient mis à la disposition de la presse et le « débat public » pourrait s'étendre, par l'intermédiaire de celle-ci, à l'ensemble des citoyens.

À ce sujet, l'expérience de la Conférence des Citoyens tenue à Paris en juin 1998 sur les organismes génétiquement modifiés et leur application en agriculture et dans l'alimentation[2] incite à penser que *le miroir du public constitue une condition indispensable de la solidité de la connaissance fournie aux politiques par la communauté scientifique*. Un récent rapport rédigé pour la Commission Européenne l'exprime : *« public review is crucial for both science and good policy »*[3]. Cette large diffusion des débats publics entre experts favoriserait en outre la montée en puissance au sein de la population d'une « culture générale de l'expertise » en sorte que les décisions concernant les grandes affaires dont il est ici question (avenir du climat, sécurité de l'alimentation, maîtrise de l'énergie...) puissent être progressivement prises de façon de plus en plus démocratique, et en sorte également que ces décisions puissent ensuite être mises en œuvre par les populations qu'elles concernent.

---

1. Il n'est d'ailleurs pas inutile de rappeler que le mot grec *aitia* (traduit par « cause ») a pour origine le débat entre plaideurs défendant telles et telles « causes ».
2. Conférence au pilotage de laquelle l'auteur a contribué.
3. Iain Shepherd (ed.), *Science and Governance in the European Union*, Bruxelles, Joint Research Center, Institute for Systems, Informatics and Safety, 2000, p.18.

§ 5. LE RÔLE DE L'ADMINISTRATION EN MATIÈRE D'EXPERTISE

En matière d'expertise scientifique, le rôle de l'administration paraît être de *mettre en place la scène de l'expertise* et, au moins au départ, de choisir les acteurs (c'est-à-dire les experts), en sorte que la confrontation soit la plus radicale possible ; il lui revient aussi de gérer la confrontation, les zones de confidentialité et la diffusion de l'expertise. Elle doit surtout être le fidèle témoin auprès des politiques de la procédure suivie ; leur donner à voir sans distorsion les certitudes, incertitudes et ignorances contenues dans l'espace ouvert par la confrontation des experts, en résistant à la tentation de conclure elle-même la procédure et de refermer cet espace qui doit au contraire être exhibé dans toute son amplitude et sa complexité aux yeux des politiques. Ceci du moins, du point de vue de l'expertise au sens strict, c'est-à-dire de l'élaboration de la connaissance de cause nécessaire aux décideurs. Si l'administration conclut elle-même la procédure d'expertise, elle prend la responsabilité de refermer l'espace dont elle a suscité l'ouverture. En fait elle « monte sur la scène » et s'érige en acteur direct du processus.

Certes, en tant qu'instance chargée de préparer les décisions, elle peut et doit tirer les conclusions politiques de l'expertise. Elle joue alors un rôle de conseiller politique des décideurs, mais elle ne doit le faire ni sur la scène de l'expertise, ni en intervenant significativement dans la transcription écrite de la pièce qui s'y est jouée, et dont les acteurs sont les experts *eux-mêmes*. Il est ici absolument fondamental que le rôle politique de l'administration ne s'immisce pas dans l'élaboration des connaissances dont elle a – du point de vue de l'expertise – la charge d'organiser la mise en évidence et la vérification dialectique par les experts eux-mêmes.

Il est d'autant plus nécessaire d'insister sur ce point que le souci de l'administration est souvent moins de s'assurer de la *solidité des connaissances* sur lesquelles elle s'appuie pour préparer les décisions que de chercher (souvent d'ailleurs avec d'innombrables difficultés) à découvrir parmi les scénarios décisionnels envisageables, celui sur lequel elle a le plus de chance de susciter un *consensus des acteurs*. De ce fait, elle est plus préoccupée de convergence que d'ouverture, plus soucieuse d'arguments que de critiques. Comment d'ailleurs être convaincu que les hauts responsables administratifs soient vraiment demandeurs d'expertises scientifiques, comme d'ailleurs de débats (que ceux-ci soient publics ou tout simplement parlementaires) ? Lorsqu'un organe administratif intervient au nom de sa fonction de conseil auprès des responsables politiques, ou de son rôle dans la mise en œuvre des décisions prises par ceux-ci (décisions à la préparation desquelles ledit organe a souvent puissamment participé), ces interventions constituent alors des actes *politiques* : l'administration joue alors le rôle *politique* de *conseiller politique*, ce qui est tout autre chose que l'expertise dont la fonction est de fournir *non du conseil mais de la connaissance.*

La maîtrise politique du développement des sciences et des techniques pose à la démocratie un problème à la fois méthodologiquement très difficile et d'une importance politique majeure. C'est un domaine actuellement en chantier. Nous en sommes à un stade où il faut creuser hardiment le terrain pour pouvoir y poser des fondations solides. Cela peut parfois exiger que les nuances soient sacrifiées à la volonté d'élucider les rôles des différents acteurs concernés. La présente communication a été rédigée dans cette problématique.

LE DÉBAT JUDICIAIRE, UN MODÈLE POUR LE DÉBAT PUBLIC ?

Pierre Chambat *

Il existe un lien historique et théorique entre la justice et la démocratie. La démocratie grecque se traduisait par la participation des citoyens au tribunal tout autant qu'à l'assemblée. Les historiens indiquent qu'à la fin du XVIIIe siècle, le pouvoir politique a été mis en cause notamment à l'occasion de décisions de justice qui étaient soumises à un débat public devant l'opinion.

En termes de procédures pour le débat public, on se réfère souvent au modèle parlementaire qui débouche sur la loi. On se réfère plus rarement à la justice, qui présente des particularités : recherche de la vérité, ce qui n'est pas le cas du Parlement, principe du contradictoire, publicité des audiences… La justice, confrontée à un certain nombre de problèmes en France, dans ses rapports avec l'opinion, peut-elle néanmoins constituer un modèle pour le débat public ?

Quelques rappels de principe permettent de situer les inspirations possibles.

§ 1. LA JUSTICE, C'EST D'ABORD UNE PROCÉDURE, C'EST-À-DIRE UNE MÉTHODE D'ÉLABORATION D'UNE DÉCISION.

La procédure est bien sûr plus forte en matière pénale qu'au civil, mais la tradition française est assez inquisitoire. Au civil, elle y

---

* Chercheur à l'Institut de recherche sur l'information et la société (IRIS) de l'Université Paris Dauphine.

N.B. Ce texte a été rédigé à partir des interventions de Daniel Lecrubier et Didier Salas, magistrats, lors d'une séance de l'association *Services Publics* consacrée au débat judiciaire. Il n'engage que l'auteur.

est plus au service des parties qui définissent l'enjeu du procès, alors qu'au pénal, elle est traditionnellement la chose de l'État, ce qui ne veut pas dire du Gouvernement.

La méthode de preuve est extrêmement stricte. Le juge a des obligations : répondre à tous les arguments des parties, délibérer, motiver sa décision. Il existe un contrôle par l'appel. Les déséquilibres entre parties peuvent être compensés par le recours à l'aide juridique.

Le schéma est différent au pénal où la présence de la puissance publique est beaucoup plus importante. Néanmoins, l'évolution générale de la procédure va vers le contradictoire.

A. C'EST UNE PROCÉDURE INDIVIDUELLE ET NON UNE DÉCISION D'APPLICATION GÉNÉRALE.

Les juges ne tracent pas le cadre : la loi, au fond et au plan procédural, n'est pas l'œuvre du juge. Le juge adapte un texte général à un cas particulier. Le juge, du parquet ou du siège, a néanmoins beaucoup de pouvoir actuellement. Mais si le système judiciaire est plus protecteur des interventions et des pressions que le système administratif, certaines formes d'inégalités existent qui tiennent aux hommes que sont les juges.

B. LE JUDICIAIRE PRÉSERVE UNE RELATIVE TRANSPARENCE.

Toute décision est contradictoire, les parties sont présentes physiquement, ce qui est important. Mais la phase préparatoire demeure assez secrète ; seule la phase décisionnelle est publique. Certains dysfonctionnements découlent de ce déséquilibre.

La justice rend une décision sur un cas individuel, elle n'engage pas un débat public global. L'analyse des décisions ne peut pas être faite par la justice, et cette tâche est souvent, par défaut, l'œuvre de la presse.

§ 2. POURQUOI EXISTE-T-IL UNE MONTÉE EN PUISSANCE DE LA JUSTICE ?

La montée en puissance de la justice n'est pas un hasard ; elle correspond à un certain nombre d'évolutions sociales. L'augmentation du contentieux correspond à un certain type de rapports sociaux : individualisés, contractuels, dans une société beaucoup moins hiérarchisée… La justice apparaît comme un système de régulation adapté à ces évolutions.

Nous n'avons pas eu, depuis la période révolutionnaire, les ressources intellectuelles pour penser, à son véritable niveau, ce qu'est un pouvoir judiciaire. La réflexion politique dominante s'est constamment ressourcée dans la filiation jacobine qui situait le politique dans une unité surplombante infaillible, juge de sa propre loi. De plus, une éthique de l'action politique excluait tout contrôle car la vertu paraissait immanente à l'homme public, défenseur de l'intérêt général. Ce mythe s'est effondré aujourd'hui.

La montée en puissance du juge tient à deux facteurs. Un premier facteur s'inscrit dans le long terme : il s'agit du syndicalisme judiciaire et de la socialisation de la profession, par la création de l'École nationale de la magistrature, qui a permis de renouveler la corporation, de susciter des lieux de réflexion, de créer des ressources qui ont permis d'affronter les mutations culturelles. Un second facteur intervient à beaucoup plus court terme : la lutte contre la corruption et l'aptitude des juges à se dissocier du politique, en particulier de l'exécutif, et à affirmer la volonté sans équivoque, devant les demandes sociales, de lutter contre la corruption.

Dans d'autres pays, cette détermination n'est pas apparue aussi clairement et les juges ont été suspectés de complicité, pour n'avoir pas su se distancier du politique.

La lutte contre la corruption a été le levier qui a aidé une plus grande séparation des pouvoirs, alors que pendant longtemps, la justice a été pilotée par le gouvernement, directement ou par le biais de la gestion des carrières. Nous vivons une transition d'un service public de la justice vers ce qui sera sans doute plus tard un pouvoir constitutionnel.

Ce mouvement a un revers, qui est la pénalisation, et l'on peut parler d'une montée en puissance des victimes. Les médias donnent la parole aux victimes et créent une caisse de résonance, en privilégiant l'émotion par rapport au droit et l'impact de la demande de la victime par rapport à la réponse de la justice.

La société civile devient un acteur : la capacité du mouvement associatif, la reconnaissance par la loi de sa légitimité à se constituer dans des dossiers, sa capacité à peser sur l'administration et le législateur sont des phénomènes nouveaux.

Un double phénomène s'articule donc : l'autonomie croissante des juges, répondant aux demandes accrues de la société civile, et le maintien d'un système inquisitoire qui privilégie la réponse pénale à la demande de justice.

Les juges ne sont pas en dehors de l'État, ils ne le menacent pas, ils en font partie. Ils représentent une fonction de l'État, jusqu'à présent totalement occultée. Les affaires n'arrivaient pas jusqu'au juge. Maintenant elles lui arrivent, mais cela n'est pas dû qu'aux juges. Il existe nécessairement des dénonciations, souvent de cadres intermédiaires, qui étaient beaucoup plus rares autrefois, ainsi qu'un changement dans la façon dont la police joue son rôle. Le juge n'est que le bout d'une chaîne.

On passe d'une situation de non-pouvoir à une situation de pouvoir, et l'on s'interroge sur la légitimité de celui-ci. La légitimité du juge est d'appliquer la loi, mais d'appliquer aussi les droits ; opérer une conciliation, voire un débat entre les droits et la loi.

Il persiste une réticence des juges à être assimilés à des fonctionnaires, œuvrant pour un service public. Cela provient à la fois d'une persistance de l'image du droit divin, mais également d'une volonté légitime de se différencier de l'administratif.

§ 3. DÉBAT JUDICIAIRE ET DÉBAT PUBLIC

Il faut faire attention à l'excès d'attente vis-à-vis du juge. Il n'a qu'une fonction circonscrite. La justice doit créer le débat. La sanction n'est que secondaire. Cette fonction de débat doit être renforcée ; la procédure doit être intéressante.

Il existe un rôle de régulateur du parquet face à une demande urgente. La justice est le lieu d'une confrontation directe à la demande sociale des victimes. Certains conflits se désamorcent par la seule confrontation.

À la fin des débats publics, l'administration sort modifiée, par la confrontation, comme le juge et les parties peuvent l'être par les audiences. Mais la confrontation directe entre des parties est extrêmement importante, car toutes les questions soumises au débat public, comme à la justice, ont une dimension humaine qui, sans être exclusive, est incontournable.

Une procédure judiciaire démarre souvent par des positions extrêmes, cristallisées, qui tendent à s'assouplir au fil des confrontations, par une sorte d'effet de réel. Il peut en aller de même dans les débats publics. La seule existence d'un lieu pour le débat peut suffire à désamorcer un certain nombre de conflits ou de désaccords.

Même si le juge a parfois une fonction de conciliation, la demande adressée au juge est une demande de justice, ce qui ne correspond pas au rôle de l'administration.

Des procédures de type judiciaire sont peut-être transposables, mais il faut faire attention au risque d'une judiciarisation excessive. Il demeure une différence entre juger et administrer. Néanmoins, cette différence est moins grande, ou moins absolue, sans doute, qu'il n'y paraît. Le résultat d'une procédure judiciaire est une décision, qui n'a pas de portée générale. Les choix portés au débat public relèvent pareillement, le plus souvent, d'une décision catégorique, c'est-à-dire qui produit immédiatement ses effets. Ils ne conduisent pas, non plus, à une norme dont la caractéristique, plus que d'être générale, est d'être hypothétique. C'est sans doute cette proximité de leur résultat qui justifie le plus rationnellement la possibilité de chercher des correspondances entre procédure judiciaire et procédure de débat public.

CONCLUSIONS

Adressée avant tout au fonctionnement des institutions politiques représentatives, la demande d'une démocratie plus participative n'est pas sans conséquence pour l'administration. Celle-ci se trouve, souvent à son corps défendant vu l'effort d'ouverture qu'elle estime avoir entrepris, impliquée dans des débats dont elle ne maîtrise ni les enjeux, ni les modalités, ni les effets. La généralisation des innovations actuelles, si celles-ci ne restent pas cantonnées à l'état de gadget, soulève alors des problèmes spécifiques quant à la place que l'administration peut tenir dans la décision, entre la fonction délibérative des assemblées et la fonction exécutive du gouvernement.

Si l'information du citoyen est au cœur du fonctionnement démocratique et se traduit pour les services publics par une obligation de transparence, le débat public constitue pour l'administration un défi autrement délicat à relever. La pratique du débat ne doit pas, en effet, être vécue comme une fuite devant la décision, contribuant à porter atteinte à l'image des décideurs. Il convient donc, en conclusion, d'explorer l'émergence de nouvelles missions de service public, consistant pour l'administration à mettre en place des procédures garantissant l'accès des citoyens à une information plurielle sur les sujets qui les concernent, à faire vivre des dispositifs facilitant son appropriation, et à animer des débats publics, afin d'accroître l'expertise et les capacités d'intervention des citoyens.

Les deux points de vue rassemblés dans ce chapitre conclusif prennent appui sur les expériences de débat public dans le domaine de l'aménagement – dans la mesure où une réforme de l'utilité publique y est en préparation – pour formuler des propositions. La proximité des problèmes abordés par les diverses contributions rassemblées dans ce livre montre que ces propositions pourraient également être reprises dans d'autres domaines de l'action publique pour ancrer le droit au débat public dans la réalité politique et administrative et en faire un axe substantiel pour une réforme dans l'État.

CONCERTATION ET DÉBAT PUBLIC : NE PAS CRÉER DE CONFUSION SUR LA DÉCISION

Gilbert Carrère *

Le débat public peut recouvrir des formes et des appellations assez différentes, outre celle que lui a donnée la loi du 2 février 1995 relative au renforcement de la protection de l'environnement, dite loi Barnier.

Ainsi au cours des dix dernières années un des premiers exemples de grand débat public a été celui initié en 1991 et 1992 sur les transports par le ministre de l'Équipement, Paul Quilès, lequel avait déjà retenu ce type d'approche en organisant peu avant un débat national sur l'avenir des Postes et Télécommunications, dont il était le ministre. Cette dernière concertation, conduite par Hubert Prévot, avait permis de trancher pacifiquement le nœud gordien liant jusque-là, la Poste et les Télécommunications. Le débat national sur les transports s'adressait quant à lui, autant aux élus qu'à l'opinion et aux professionnels. S'il n'a pas abouti directement à de grands changements, hormis la circulaire Bianco du 15 décembre 1992 relative à la conduite des grands projets nationaux d'infrastructures et la circulaire Billardon du 13 janvier 1993 relative aux procédures d'instruction des projets d'ouvrages électriques d'EDF, qui préfigurent la loi Barnier, il a posé les termes de sujets aussi sensibles que le transport combiné, la régionalisation d'une partie des transports ferroviaires, le développement du tramway et rendu plus clairs les débats sur le ferroutage ou encore la politique tarifaire sur les autoroutes.

---

* Préfet honoraire. Gilbert Carrère présente son analyse de la pratique des débats publics à partir de sa propre expérience, ayant eu la responsabilité de conduire le débat national sur les transports en 1991 et 1992, puis la concertation sur l'extension de l'aéroport de Roissy-Charles de Gaulle (septembre 1995 – avril 1996), l'expertise sur le projet de transport interurbain de l'agglomération de Caen (octobre 1996 – février 1997), enfin la concertation publique sur la ZAC Paris-Rive Gauche dont il est depuis trois ans le garant-référent.

Le référendum d'initiative locale, prévu par la loi du 6 février 1992 portant organisation territoriale de la République, qui a été utilisé entre 150 et 200 fois, avec des fortunes diverses peut aussi produire une certaine forme de débat public. Ainsi à Caen, le maire a organisé en 1996 un référendum sur le projet de transports urbains avec l'espoir qu'il en confirmerait le bien fondé. Le référendum ayant rejeté le projet, le maire a essayé de rattraper les choses en nommant une commission et en choisissant des experts. Un travail d'approfondissement, qui aurait dû être fait avant, a été fait *a posteriori*. C'est en ce sens, que la pratique du référendum local peut déboucher sur des procédures de concertation, pas nécessairement contraignantes, que l'élu a la liberté de choisir.

Une autre forme de débat public est celle qui découle de la charte de la concertation en matière d'environnement du 10 juillet 1996. On constate en effet que même sans valeur juridique – elle a fait l'objet d'une simple circulaire –, elle a produit des effets puisque c'est en se fondant sur elle que le tribunal administratif de Paris a imposé pour la ZAC Tolbiac un « garant de la concertation ». S'agit-il seulement d'un ajustement, de tâtonnements, alors que la concertation est balbutiante en France ?

On peut aussi citer l'exemple de la concertation sur l'extension de l'aéroport de Roissy-Charles de Gaulle de septembre 1995 à avril 1996 qui s'est notamment conclue par la création d'une autorité indépendante sur la maîtrise des nuisances aériennes.

Quelle qu'en soit leur forme, ces expériences montrent que la concertation permet d'introduire dans les procédures un élément de lien entre l'autorité et le citoyen grâce auquel ce dernier, mieux informé, invité à participer, peut donner une réponse moins abrupte, non réduite à l'alternative : approbation/refus. Il en ressort aussi que tout ce que le débat public apporte comme éclairage, comme justification dans un sens ou dans un autre apparaît comme un préliminaire de l'action administrative, devenu une nécessité sur les sujets difficiles. Une attitude rigide de la part de l'administration ou de l'élu risque désormais de déboucher sur des blocages insurmontables.

Ces exemples et les quatre premiers débats publics organisés dans le cadre fixé par la loi Barnier illustrent non seulement la diversité des sujets mais également des approches. Cet empirisme est bon et nous paraît même nécessaire sur une assez longue période. En effet, le débat public sous toutes ses formes et, en tous les cas, la concertation vont totalement à l'encontre d'usages et de comportements auxquels il convient de laisser à l'opinion, le temps de s'acclimater. Par ailleurs le débat concerne toujours de grands sujets, pour ne pas dire de grands principes. Aussi faut-il prendre garde à ne pas laisser s'instaurer la confusion : si la participation des citoyens s'impose – encore faut-il être clair sur les méthodes –, il convient aussi de ne pas oublier qu'en dernier lieu ce sont les élus, en tous les cas au niveau local, qui tranchent.

De ce point de vue, le débat public dans la forme prescrite par la loi Barnier prend un tour très officiel et assez réglementé. La forme très solennelle qu'on lui donne, le fait que les débats publics soient très encadrés, conduits par des hauts fonctionnaires qui représentent la neutralité, mais sont proches du centre, et placés sous la tutelle d'une commission nationale du débat public, tout cela ne risque-t-il pas d'être interprété comme une sorte de recentralisation ? On pourrait aboutir à un rejet du débat public s'il semble correspondre à une dépossession de la prise de décision de l'échelon local par l'échelon central.

Pour les élus locaux, la question des délais des procédures comparés à la durée de leur mandat pose également problème. Au débat, s'il faut ajouter les délais de la déclaration d'utilité publique et le traitement des recours, le mandat d'une municipalité risque bien de ne pas suffire. C'est alors que l'équipe municipale ou le projet ou les deux sont menacés d'échec, avec le risque d'accusation d'inefficacité et d'impuissance de la pratique de la démocratie.

Les premières expériences conduisent aussi à se demander si les services techniques à l'origine d'un projet ne sont pas tentés de se retirer lors du débat public, surtout si la procédure est lente. Au profit des élus, des associations ? Cela risque de laisser le champ libre à un certain nombre d'intérêts dont il faudra vérifier la légitimité, le degré de résonance dans l'opinion.

S'il est compréhensible qu'on se méfie des « pressions administratives », comment imaginer que l'État ne mette pas une certaine passion à faire aboutir un grand projet, dès lors surtout qu'on sait que les oppositions à des projets sont plus fortes que jamais ? N'est-on pas en train de développer des corporatismes locaux et une privatisation des intérêts ? En ce qui nous concerne, nous pensons qu'il doit y avoir pour des projets d'intérêt national une décision d'autorité législative qui représente toute la nation afin que les intérêts collectifs, les interdépendances qui peuvent être nationales soient prises en compte. En revanche, il faut peut-être améliorer les compensations, les indemnisations, et l'analyse des coûts, des inconvénients, des risques, doit aller dans ce sens.

Il n'en demeure pas moins que la phase de réflexion et d'information demande à être développée et étudiée, pour permettre la compréhension par l'opinion de l'intérêt objectif (national ou local) d'un projet. Le débat public aura toute sa valeur si, au niveau donné, l'évaluation et l'information, ont été faites de sorte que l'opinion se sente à la hauteur de l'enjeu. Le temps de préparation du débat est alors essentiel. Il faut jouer la transparence, ce qui suppose que l'information en amont du débat soit ouverte et publique.

En matière d'information, on peut aussi se demander quel a été le rôle des médias dans les différentes expériences, et quel il pourrait être. Dans la *Charte de la concertation* de juillet 1996, l'idée intéressante est que c'est dès le commencement d'un projet que l'esprit de concertation doit être mis en avant, ce qui implique une information développée. Cet effort d'information doit être conduit sous le regard d'un observateur indépendant. La concertation doit avoir un budget, pour que les associations, par exemple, puissent avoir recours à des experts.

S'agissant de la distinction éventuelle entre une phase centrée sur l'opportunité du projet, dans laquelle il y aurait la place pour une autorité indépendante, et une phase de débat public sur la mise au point du projet où, en revanche, c'est l'expertise qui serait mise en avant, il nous semble qu'il s'agit là d'une vision théorique. L'opportunité du projet, n'est-ce pas l'essence même de la décision ? Que peut une autorité indépendante si elle ne veut pas donner le sentiment d'interférer avec une décision qui est politique ? C'est la décision qui doit donner lieu à l'information, à la mise en place d'un certain dialogue. Dès lors, on entre dans une phase de développement de la concertation. C'est l'autorité elle-même qui doit avoir le choix des préliminaires qu'elle donne à sa décision. En tout état de cause, la pratique du débat public ne doit pas être vécue comme une sorte de fuite devant la décision contribuant ainsi à porter atteinte à l'image des décideurs. Pour autant il faut s'éloigner du décideur qui décide seul.

Dans ces limites, le débat public est utile et conforme à l'esprit de notre temps. Il permet de sortir de la technicité des débats où se perd le citoyen, tout en ouvrant une place à l'expertise contradictoire. Il peut aussi donner lieu et conduire à la pratique de propositions alternatives, qui suscite effervescence des esprits en même temps qu'elle justifie les changements de position du décideur, sans qu'on puisse y voir un recul. Enfin, il favorise une pratique saine du compromis (c'est-à-dire ne s'effectuant pas « sous la table ») qui doit être admise en démocratie.

Le débat public ainsi entendu – naturellement pour les grands projets –, peut être considéré comme un moyen de porter remède à la très redoutable crise du système représentatif dans notre pays, en obligeant les candidats à annoncer clairement leurs intentions et leurs projets, à en suivre, étant élus, les péripéties durant le débat public, ce qui suppose le maintien d'une relation étroite avec l'opinion.

Une pratique saine et efficace du débat public, largement entendu devrait, selon nous, répondre à certaines exigences d'ordre en quelque sorte éthique.

S'il s'agit du débat sur une opération de caractère national impliquant la décision du Parlement, l'office parlementaire d'évaluation des choix scientifiques et technologiques devrait recevoir les moyens d'ordonner et de nourrir le débat avec tous les éléments d'information et d'expertise nécessaires. On peut douter que ce soit le cas aujourd'hui. Par ailleurs, la décision du Parlement ne saurait être dictée par des intérêts régionaux ou locaux, légitimes certes, mais de rang inférieur à l'intérêt général au sens national du terme. Ceci veut dire que la valeur du débat public et le non-cumul des mandats sont directement liés.

Dans les autres cas, il nous apparaît que la charte de la concertation du 10 juillet 1996 offre de bonnes assurances de qualité du débat : conçu en amont de la décision, il est soumis au contrôle d'un garant (il peut être un représentant de la commission nationale) qui doit aussi s'assurer de la qualité des partenaires participant à la concertation ; s'il s'agit d'associations : intérêt pour l'opération ou le projet, agrément en matière d'environnement, fonctionnement régulier.

S'agissant enfin de la considération d'efficacité, nous pensons qu'il faudra réexaminer ensemble débat public et procédure d'utilité publique pour éviter une accumulation de délais qui condamnerait le débat en même temps qu'elle découragerait les décideurs d'entreprendre et les électeurs de leur faire confiance.

LE DÉBAT PUBLIC, UNE PROCÉDURE DÉCISIVE POUR FONDER LE DROIT À LA PARTICIPATION

Jean-Michel Fourniau *

En installant la Commission nationale du débat public (CNDP) en 1997, la ministre de l'Environnement lui avait demandé d'être le creuset d'une véritable doctrine de la concertation et d'en diffuser la culture. L'avancée dans le sens d'une plus grande concertation préalable à la décision semble irréversible et le gouvernement met aujourd'hui en chantier une nouvelle loi réformant les procédures aboutissant à la déclaration d'utilité publique[1]. Ce nouveau texte devrait généraliser le débat public en amont de la décision des grands projets d'équipement, étendre et renforcer le rôle de la CNDP.

Pourtant, un constat s'impose de prime abord : ce qui a pu être présenté comme l'instauration d'un « nouveau droit des citoyens, le droit au débat public »[2], se porte mal. Faute d'avoir suffisamment reçu l'attention politique que méritait sa mise en œuvre, le fonctionnement de la Commission nationale du débat public n'a que peu consolidé l'institutionnalisation du débat public et les innovations démocratiques majeures réalisées sur le terrain lors des premiers débats n'ont pas été valorisées. La mise en place de la CNDP avait été laborieuse. Les limites posées par la loi à ses prérogatives et l'insuffisance des moyens alloués se sont rapidement fait sentir. Après trois ans de fonctionnement, la Commission n'a organisé que quatre débats publics et

---

* Directeur de recherche à l'Institut national de recherche sur les transports et leur sécurité (INRETS).

1. « Communication en conseil des ministres de Dominique Voynet sur la réforme de l'utilité publique », Communiqué de presse du ministère de l'Environnement du 27 septembre 2000.

2. Jean-Claude Hélin, « La loi Barnier et la participation du public. Ajustements et innovation », *Revue juridique de l'Environnement*, n° 2, 1995, pp. 219-233. J-C. Hélin reprend cette expression du rapport d'Huguette Bouchardeau, *L'enquête publique. Rapport au ministre de l'Environnement*, Paris, décembre 1993, rapport qui a servi de document préparatoire à la loi « Barnier ».

un seul autre est programmé[3]. Elle a en revanche écarté une quinzaine de demandes, pêchant parfois par excès de prudence juridique (A51, par exemple). Il semble de plus que l'annonce d'une réforme de l'utilité publique fasse considérer à bien des membres de la CNDP que leur institution dans sa forme actuelle a vécu, et que le récent débat sur la branche sud du TGV Rhin-Rhône aura été le dernier de cette première expérimentation.

Le volontarisme de la récente communication au gouvernement de la ministre de l'Environnement[4] – *« Dès maintenant, le gouvernement soumettra systématiquement à la CNDP en vue d'un débat public les grandes opérations d'aménagement de l'État et de ses établissements publics relevant de cette commission »* – tranche donc singulièrement avec la précarité de la situation réelle de la Commission nationale du débat public. Dix-huit mois s'écouleront au minimum avant que la réforme aujourd'hui entreprise puisse effectivement être mise en œuvre. Toute possibilité de débat public sera-t-elle suspendue d'ici aux prochaines grandes échéances électorales de 2002 ?

Cela dépendra sans doute beaucoup de la volonté politique de faire aboutir la réforme engagée pour en faire un outil de démocratisation de la décision publique. Quelles leçons tirer de l'expérience des premiers débats pour aller dans ce sens ? Nous dégageons de l'observation sociologique de ces débats des propositions touchant au rôle et aux prérogatives de la future instance organisatrice des débats publics.

§ 1. L'EXPÉRIENCE DES DÉBATS PUBLICS DÉGAGE LES OBJECTIFS POLITIQUES DE LA RÉFORME DE L'UTILITÉ PUBLIQUE.

La réforme de l'utilité publique s'inscrira dans le prolongement des textes qui ont institutionnalisé un débat public préalable aux études de projet (circulaire « Bianco » et loi « Barnier ») et visera à étendre le « droit au débat public » ainsi reconnu, à généraliser la pratique d'une concertation en amont, à unifier et simplifier les procédures existantes conduisant à établir l'utilité publique. Pour cela elle devra nécessairement concilier *deux objectifs distincts*, sinon contra-

3. Un débat sur le contournement autoroutier de Lyon a été décidé dans son principe par la CNDP. Mais il ne devrait pas se tenir avant l'automne 2001, période à laquelle les échéances électorales risquent d'en compromettre la tenue.
4. Communiqué de presse du 27 septembre 2000 déjà cité.

dictoires : *faire droit à la revendication d'espaces de prise de parole et de délibération sur les décisions publiques et rechercher par plus de transparence une plus grande efficacité de l'action publique.*

D'un côté, le développement de consultations préalables à la décision marque la recherche de nouvelles formes d'action publique et prolonge l'effort de modernisation du service public et de l'administration. D'un autre côté, la revendication d'un espace de débat public, largement exprimée au sujet des grands projets d'aménagement ou à propos de grandes controverses technologiques, rappelle qu'il n'y a de légitimité de l'action publique que si les « assujettis » peuvent en être les acteurs. Les divers forums institués, dont ce livre a retracé plusieurs expériences, ont tous visé à combler le déficit de légitimité du fonctionnement institutionnel et politique classique mais leur existence souligne en même temps la distance qui sépare les représentés de leurs représentants.

Cette dualité des objectifs implique que la réforme soit d'abord pensée comme une réforme politique, et non seulement comme un texte administratif et juridique, et soit préparée comme telle, comme une réforme touchant à l'exercice de la citoyenneté, au fonctionnement quotidien des institutions et de la démocratie. Il ne faudrait pas que cette dualité s'exprime seulement, comme cela fut le cas de la circulaire « Bianco », dans l'opposition d'un exposé des motifs porteur d'une visée de démocratie participative, et d'un texte reflétant d'abord les compromis prudents entre administrations centrales.

A. INFORMATION, CONCERTATION ET PARTICIPATION RENVOIENT À DES ASPECTS DISTINCTS DE LA CITOYENNETÉ.

Les analyses des premiers débats conduits par la Commission nationale du débat public conduisent à distinguer trois exigences auxquelles répond l'institutionnalisation du débat public : *les exigences d'information, de concertation et de participation.* Mais ces analyses soulignent également que ces trois exigences ne relèvent pas des mêmes registres d'action. Les différences entre l'expérience du débat public et les conceptions classiques de la concertation et de la consultation renvoient en effet à la dualité, déjà mentionnée, des objectifs que devra concilier la réforme de l'utilité publique.

Les procédures de consultation définissent le citoyen sur le mode passif de la personne privée titulaire de droits face à l'État, seul détenteur de l'intérêt général. Les procédures plus récentes de concertation valorisent un citoyen actif en tant que débattant, en amont, de l'intérêt général, mais pour l'opposer aussitôt au citoyen passif, le riverain, en aval. Le débat public, dans sa dimension délibérative, ne fonctionne pas dans ce registre renvoyant la participation à l'opposition classique entre « l'intérêt général » et les intérêts particuliers, opposition qui cantonne la citoyenneté dans un statut assujetti. Agir en tant que citoyen n'y est plus défini par cette opposition préconstruite mais par l'exercice du débat lui-même, et consiste à soumettre à la discussion contradictoire et pluraliste ses avis, points de vue ou opinions sur les problèmes à prendre en compte dans la décision.

S'agit-il par la réforme de l'utilité publique de renforcer les garanties des administrés, des riverains, des usagers, des porteurs de tels ou tels intérêts particuliers face à l'action de l'État, selon une conception libérale de la démocratie ? Ou s'agit-il *également*, dans une vision républicaine de la démocratie, d'améliorer les conditions permettant à chacun d'agir en tant que citoyen. Dans le premier cas, la concertation (conduite par le maître d'ouvrage) est au centre de la réforme. Dans le second cas, c'est le débat public (organisé par une instance indépendante du maître d'ouvrage).

En se plaçant dans ce second cas, et considérant que les expériences récentes ont largement fait progresser la conception du droit à l'information et commencé de diffuser chez les grands maîtres d'ouvrage une culture de la concertation, l'observation des débats publics organisés par la CNDP permet de dégager trois conclusions qui pourraient constituer les objectifs politiques majeurs[5] de la réforme de l'utilité publique si celle-ci vise à réellement instituer un droit au débat public, incluant le droit à l'information mais allant au-delà.

B. AVOIR UNE CONCEPTION POLITIQUE DE L'AMONT

La nécessité d'un débat en amont permettant au public de participer à l'élaboration des décisions est affirmée depuis quelques années. Mais définir ce qu'est l'amont reste un exercice problématique et, au dire même des acteurs, l'amont vient toujours soit trop tôt, soit trop tard. Les différents textes évoqués en ont donné des visions nettement différenciées et leur mise en œuvre a ajouté encore à la diversité. Ainsi, la circulaire « Bianco » définit le contenu du débat en amont comme moment de discussion publique sur les « grandes fonctionnalités » d'un projet, sur ses enjeux « d'environnement » et « d'aménage-

5. Trois objectifs auxquels s'ajoute, bien entendu, celui de la décentralisation de l'appréciation de l'utilité publique, suffisamment argumenté par le rapport du Conseil d'État pour qu'il ne soit pas besoin d'y revenir ici.

ment et de développement des territoires desservis ». La direction des Routes a considéré qu'il s'agissait de mettre en débat l'opportunité d'opérations non encore inscrites au schéma directeur et elle a préparé les dossiers dans la perspective de la révision de ce schéma sectoriel prévue par la loi « Pasqua ». Le débat parlementaire sur la loi « Barnier » a, au contraire, clairement stipulé que le débat public ne pouvait pas porter sur l'opportunité des projets, mais seulement sur leurs « grandes caractéristiques ». De fait, les débats ont été ouverts sur des projets faisant, depuis de longues années, l'objet de conflits d'implantation dans lesquels se mêlent de manière inextricable les enjeux d'opportunité, de fonctionnalités et de tracé.

Dans la pratique des débats, un découpage formel de la décision en plusieurs phases est peu opératoire, la question de l'opportunité ne pouvant jamais être totalement fermée. Indispensable à la légalité des procédures comme à la rationalité du cheminement administratif des décisions, la légitimité politique d'un tel découpage restera donc un objet de conflit. Mais l'administration et les maîtres d'ouvrage doivent engager le débat public le plus tôt possible dans l'élaboration des politiques et des projets et renoncer à l'idée d'un processus de décision « à cliquets ». Il s'agit au contraire d'avoir une conception dynamique de l'amont, du débat préalable à la décision : « L'amont est moins une étape qu'un principe de réelle ouverture des échanges. Il s'agit moins de débattre "avant" la décision que de discuter, de façon ouverte, "de" la décision. »[6] C'est à cette condition que « conduire un projet, c'est construire sa légitimité »[7].

C. RENFORCER LE POUVOIR D'INVESTIGATION DU TIERS ORGANISATEUR DU DÉBAT PUBLIC

Le grand apport de la loi « Barnier » est de confier l'organisation du débat public à une commission indépendante du maître d'ouvrage. Cette disposition situe ce dispositif à l'opposé de l'idée centrale de la *Charte de la concertation* qui cantonnait le tiers à un rôle de garant. Cependant, les attributions de la commission restent essentiellement définies de manière négative : la loi dit ce qu'elle n'est pas. En particulier, la Commission nationale du débat public n'a pas *« vocation à*

6. Sandrine Rui, « L'impasse de l'amont. Débat public et conflits d'aménagement », *Annales des ponts et chaussées*, n° 92, Paris, 1999, pp. 53-57.
7. Titre de l'article de Pierre Mayet, vice-président du Conseil général des ponts et chaussées, dans ce même numéro des *Annales des ponts et chaussées*, n° 92, 1999, pp. 64-69.

formuler un avis et encore moins à juger le projet pour lequel elle a été saisie »[8] mais simplement à garantir le bon déroulement du débat. Ainsi, la commission n'a aucune prérogative en matière de préparation du dossier mis en débat, rédigé par le maître d'ouvrage, mais s'assure seulement de sa lisibilité et de sa sincérité. Ce que peut signifier *« être la garante du bon déroulement du débat »* a alors fait l'objet d'expérimentations assez différentes, si l'on en juge par les quatre premiers débats organisés par la CNDP. Mais l'absence de règles procédurales fixant la pratique du débat public en ramène souvent l'exercice à une simple consultation.

Aujourd'hui, le projet de directive européenne sur l'évaluation environnementale stratégique[9] comme la convention d'Aarhus[10], incitent à établir un lien fort et explicite entre participation du public et évaluation environnementale. Si l'on veut transformer la Commission nationale du débat public en une instance garante du système des débats, consultations et enquêtes, comme le propose le Conseil d'État, il convient de doter la nouvelle instance de réels pouvoirs d'investigation, à l'instar de son homologue québécois, le Bureau d'audiences publiques sur l'environnement (BAPE), et d'étendre son champ d'intervention.

D. INSTAURER LE PLURALISME DE L'EXPERTISE

L'expérience du Collège des experts du TGV Méditerranée, en 1992, a mis sur l'agenda politique la question du pluralisme de l'expertise. La Région Rhône-Alpes a également poussé l'idée d'une expertise indépendante en créant en 1995 un *Comité de pilotage des études et expertises* afin d'être en mesure de déterminer sa politique de transports de façon autonome. Chargé de donner un avis, en vue de leur financement, sur le cahier des charges et les conclusions « de contre-expertises sur des projets pour lesquels la région est sollicitée, d'études ou d'expertises sur des projets d'infrastructure ou d'exploitation d'intérêt régional, d'études de contre-projets, d'études générales

8. Allocution de Mme Dominique Voynet, ministre de l'Environnement, lors de l'installation de la CNDP, le 4 septembre 1997.

9. Cette directive soumet à une évaluation de leurs incidences sur l'environnement, les plans et les programmes d'aménagement. Elle prévoit la participation du public en amont de la décision.

10. Signée à Aarhus le 25 juin 1998, cette convention en matière d'environnement devrait être prochainement ratifiée par la France. Elle contient trois volets : l'accès à l'information ; la participation du public au processus décisionnel ; l'accès à la justice.

sur un thème particulier »[11], ce dispositif permet au Conseil régional de ne plus se contenter d'un rôle de cofinanceur passif d'études mais lui donne les moyens de son expertise propre. Un rapport de la cellule de prospective du ministère de l'Environnement a préconisé, en 1996, la mise en place d'un dispositif national similaire avec la création d'un « Fonds national pour la concertation »[12].

Ces expériences ou ces propositions n'ont pourtant pas été généralisées par les textes actuels, alors même que la nécessité d'ouvrir réellement les possibilités de recours à des expertises indépendantes du maître d'ouvrage semble faire consensus. L'expérience de la conférence de citoyens sur les organismes génétiquement modifiés, comme les expériences étrangères équivalentes, souligne également la productivité du questionnement direct des experts par un public préalablement informé, pour ouvrir plus globalement le débat public sur de grands enjeux de société.

Sauf à vouloir préserver le monopole d'expertise des grands corps de l'État, il n'y a pas de raison de considérer que la confrontation publique des expertises n'est pas également indispensable au bon déroulement du débat public sur les projets d'aménagement. Il convient donc d'avancer dans ce sens en donnant pouvoir (et moyens) à la nouvelle CNDP d'organiser un ensemble de confrontations directes, contradictoires et publiques d'experts. Il s'agit là d'un progrès décisif à inscrire dans la réforme de l'utilité publique pour qu'elle dépasse le simple renforcement du droit à l'information des citoyens.

§ 2. LES PRÉROGATIVES DE LA NOUVELLE INSTANCE ORGANISATRICE DU DÉBAT PUBLIC SONT AU CŒUR DE LA RÉFORME DE L'UTILITÉ PUBLIQUE.

Aujourd'hui, la décision en matière d'environnement et d'aménagement est, de fait, un processus public, ouvert à la discussion publique. Le débat public en amont, tel qu'il est organisé par la loi « Barnier » ou par d'autres procédures, n'est donc qu'un moment dans le processus plus général de discussion publique des projets. Il s'agit alors de préciser quel peut être l'apport de ce moment de débat public

11. Délibération n° 95.04.171 du Conseil régional de Rhône-Alpes.
12. Dominique Dron et Anne Réocreux (Cellule de prospective et stratégie du ministère de l'Environnement), *Débat public et infrastructures de transport*, Paris, La Documentation française, collection des rapports officiels, juillet 1996.

à la formulation et à la résolution des problèmes devant faire l'objet d'une décision. Nous dégageons des recherches conduites sur le processus d'institutionnalisation du débat public, trois propositions sur les prérogatives, le fonctionnement et le rattachement de la nouvelle instance organisatrice du débat public.

A. ARTICULER DÉBAT PUBLIC ET DÉCISION PAR LA PRODUCTION D'UN *AVIS DE CONNAISSANCE* DE LA CNDP

L'expérience du débat public conduit à différencier deux moments dans un processus de décision : le moment délibératif et le moment décisionnel. Le premier correspond à une controverse réglée par un tiers indépendant des parties, au cours de laquelle tous les acteurs peuvent s'exprimer, examiner tous les problèmes à prendre en compte, considérer toutes les solutions possibles, passer en revue l'ensemble des critères de choix. Il s'agit ensuite, dans un second temps, de choisir une solution, choix revenant à l'autorité publique légitimement élue pour cela.

Ces deux moments ne sont pas ordonnés selon une conception linéaire du processus de décision allant de l'amont vers l'aval, d'une discussion abstraite sur l'intérêt général à une négociation concrète portant sur l'implantation du projet et la compensation des intérêts particuliers lésés. Ils sont plus étroitement imbriqués et empruntent plus volontiers à l'évaluation des politiques publiques la distinction qu'elle opère entre décision de connaissance et décision politique, et la différenciation des responsabilités engagées dans ces deux activités qui en résulte.

Aussi, faut-il voir le travail de la commission organisatrice du débat public comme celui d'une instance d'évaluation. Celle-ci aboutit à « une décision d'un caractère particulier : c'est une décision de connaissance. Elle n'est pas de nature pratique, ne consiste pas à faire passer une mesure »[13]. En conséquence, *la commission nationale du débat public pourrait donner au bilan qu'elle tire de chaque débat le caractère d'un avis de connaissance, à l'instar d'une instance d'évaluation.*

La distinction entre décision de connaissance et décision politique est de nature à clarifier la responsabilité politique des décideurs.

13. Jean Leca, « Enseignements de l'évaluation des politiques publiques », *Électricité et sociétés* n° 21, 20 septembre 1995, pp. 1-5. Voir aussi Conseil scientifique de l'évaluation, *Petit guide de l'évaluation des politiques publiques*, Paris, La Documentation française, 1996.

Le rôle de la nouvelle CNDP ne serait pas de porter un jugement sur le projet comme le fait un commissaire enquêteur. À l'issue d'un débat suffisamment contradictoire, alimenté par des informations pertinentes, conduit dans le respect de *règles de délibération librement acceptées* par les participants, ce rôle serait de dire quel est le degré de connaissance ou d'incertitude sur l'ensemble des problèmes à prendre en compte dans la décision, d'expliquer en quoi la *mise en public des incertitudes* a permis d'identifier l'ensemble des alternatives envisageables, de montrer comment la *confrontation publique des arguments* a permis d'enrichir l'univers des choix.

Le débat public ayant ainsi mis à jour les contraintes et les incertitudes, permis d'identifier et d'évaluer (au moins sommairement) les solutions possibles, soumis les critères de choix à une discussion contradictoire, son bilan pourrait décrire les options entre lesquelles les autorités légitimement élues auront à choisir, en premier lieu en adoptant le cahier des charges des études de projet. La décision d'engager ces études et d'aller plus avant dans la poursuite du projet apparaîtra alors comme un choix affirmant publiquement la hiérarchie particulière des préférences des élus en charge de la décision et engageant leur responsabilité politique.

B. COMPOSER LA CNDP POUR LUI PERMETTRE D'EXERCER SES NOUVELLES PRÉROGATIVES

Le fait de pouvoir rendre un tel avis de connaissance est directement lié aux pouvoirs d'investigation qui seraient conférés à la nouvelle CNDP, à son rôle d'organisation de la confrontation publique des expertises, permettant de faire du débat public un moment stratégique de l'évaluation environnementale. L'exercice de ces nouvelles prérogatives suppose de revoir la composition et le mode de fonctionnement de la future instance.

Le projet de la loi « Barnier » prévoyait une instance composée seulement de magistrats, pour affirmer l'indépendance de la Commission. Le débat parlementaire a bouleversé cette composition pour faire de la CNDP une instance où siègent, au côté de magistrats, les représentants des principaux acteurs des décisions d'aménagement[14]. Il est sans doute difficile de se défaire de cette tradition bien française qui fait prévaloir un souci de représentation des intérêts sur un souci

14. *Cf.* Cécile Blatrix, « La loi Barnier et le débat public, quelle place pour les associations ? », *Écologie et politique* n° 21, Paris, automne-hiver 1997, pp. 77-92.

d'efficacité. Mais il est aujourd'hui avéré que sa composition ne permet à la CNDP ni d'organiser un nombre suffisant de débats publics faute de présidents disponibles, ni de mettre à profit par un fonctionnement réellement collégial la diversité de représentation voulue par les parlementaires.

Affirmer le rôle d'instance d'évaluation de la CNDP permet d'envisager un autre type de composition, à l'instar de celle du BAPE québécois, fondée sur une triple compétence : « des compétences dans les domaines techniques concernés par les enquêtes publiques, ou en matière de protection de l'environnement, ou en matière de communication et d'animation des débats. Il faut réunir des compétences différentes et complémentaires, afin que le comité se forge une véritable "culture" du débat public »[15]. Remarquons que dans la composition actuelle de la CNDP comme dans celle des commissions particulières, les compétences en matière de communication et d'animation des débats et controverses publics sont systématiquement sous-représentées voire totalement ignorées.

Un mode de fonctionnement plus collégial, suivant l'exemple qui prévaut dans une commission d'enquête publique, semble également nécessaire pour permettre à cette réunion de compétences multiples d'être pleinement productive. La loi « Barnier » a, au contraire, institué un fonctionnement très « présidentiel » des commissions chargées d'organiser les débats publics, ce qui ne concourt pas à rendre lisibles le rôle et les responsabilités des membres d'une commission particulière qui pourtant consacrent à cette fonction de nombreux mois de travail et beaucoup de conviction.

La transformation de la CNDP en un Collège, s'inspirant par exemple du défunt Collège de la prévention des risques technologiques[16], s'avère nécessaire pour que la nouvelle instance soit à même de se forger une culture du débat public et de la diffuser. Cette capacité sera d'autant plus requise que la nouvelle CNDP aura également à organiser des débats « sur des problématiques plus larges, comme par

15. Huguette Bouchardeau, *L'enquête publique. Rapport au ministre de l'Environnement*, *op. cit.*, p. 16.

16. Créé par décret 89-85 du 8 février 1989, ce Collège placé auprès du Premier ministre était composé de douze membres nommés *intuitu personae* en raison de leur expérience et de leur compétence. Le Collège avait la faculté de s'auto-saisir et de rendre publics ses avis sur tous les sujets touchant à « l'évaluation des risques collectifs et des actions de prévention correspondantes dans les activités industrielles, notamment nucléaires, chimiques et pétrolières, les transports et la mise au point et le développement de technologies nouvelles ». Son indépendance a dû déplaire et le Collège a été supprimé par le gouvernement Balladur à l'échéance du mandat de son premier président, en 1995.

exemple, la politique des transports dans le massif alpin ou certaines politiques d'environnement ou d'aménagement du territoire »[17]. Ce fonctionnement collégial apparaîtra alors indispensable pour garantir l'indépendance des avis que pourrait rendre la nouvelle instance organisatrice des débats publics.

C. RÉAFFIRMER LE RÔLE DU PARLEMENT DANS L'ÉNONCIATION DE L'INTÉRÊT GÉNÉRAL EN CLARIFIANT LE POSITIONNEMENT DE LA NOUVELLE CNDP DANS LE SYSTÈME DES POUVOIRS

Pour doter de prérogatives reconnues la nouvelle « instance garante de l'ensemble du système des enquêtes, consultations et débats publics », le groupe de travail du Conseil d'État avait proposé d'en faire une autorité administrative indépendante. L'Assemblée générale du Conseil d'État ne l'a pas suivi sur ce point, pour deux raisons, l'une générale, l'autre tenant au dispositif prôné. L'argument général exprime la position constante du Conseil d'État qui voit dans la multiplication des autorités administratives indépendantes un démembrement de l'État et une dilution des responsabilités, préjudiciables à la démocratie. Le second argument souligne qu'une autorité administrative indépendante n'est créée que pour se voir confier un pouvoir réglementaire déterminé, ce qui ne sera pas le cas de la nouvelle CNDP qui, pas plus que l'actuelle, n'aura aucun pouvoir ni même, si l'on s'en tient aux propositions transmises au gouvernement, celui d'émettre un avis sur les projets soumis à débat.

Pour autant, la question de l'indépendance du tiers organisateur du débat public est cruciale si l'on considère qu'elle énonce, au fond, une condition de légitimité des décisions. S'il s'agit bien par l'extension et le renforcement des procédures de débat public de construire ensemble la légitimité et l'efficacité des décisions, le positionnement de la nouvelle CNDP dans le système des pouvoirs doit réaffirmer le contrat qui lie les citoyens et leurs élus en charge de la décision.

De ce point de vue, le statut d'autorité administrative indépendante n'est pas satisfaisant puisqu'une telle instance n'a pas de comptes à rendre aux citoyens. Mais l'absence actuelle de statut et le rattachement à une administration sectorielle (quelle qu'elle soit) ne l'est pas plus. D'une part, cette situation n'a garanti ni les moyens ni la considération auxquels pouvait prétendre la CNDP. D'autre part,

17. Communiqué de presse du 27 septembre 2000, *loc. cit.*

transparaît trop dans une telle formule la prééminence de l'administration sur le politique qui est à l'origine de la crise de légitimité des décisions d'aménagement considérées trop souvent encore en France, contrairement à la pratique de la majeure partie des pays européens, comme des décisions purement administratives, soustraites à tout débat et tout contrôle parlementaires.

Enfin, la réforme entreprise se propose de décentraliser l'appréciation de l'utilité publique des projets des collectivités territoriales en permettant à ces dernières de prononcer une « déclaration de projet » valant déclaration d'utilité publique quand le projet ne donne pas lieu à expropriation. Il faut, dans le même temps, affirmer l'autorité du Parlement sur les décisions des projets nationaux d'aménagement, à l'instar de la loi sur l'aménagement et le développement durable du territoire qui soumet les schémas de services collectifs à l'approbation du Parlement.

On pourrait alors songer à faire de la nouvelle CNDP une délégation ou un office parlementaire, travaillant d'ailleurs en liaison étroite, voire englobant, l'actuel Office parlementaire des choix scientifiques et technologiques (OPECST). Mais les missions et la composition de la CNDP que nous avons décrites sont plus diverses que celles de ces institutions qui, bien que destinées à renforcer le pouvoir d'expertise du Parlement, sont essentiellement tournées vers son information propre afin de l'aider dans sa tâche de contrôle de l'action gouvernementale, et non vers l'animation du débat public et la participation des citoyens.

On pourrait donc se tourner vers un rattachement de la nouvelle instance organisatrice du débat public à l'exécutif, mais à un niveau suffisamment élevé et transversal afin de garantir l'indépendance réelle de son fonctionnement. Il conviendrait alors de rattacher la nouvelle Commission nationale du débat public au Premier ministre et de créer auprès de lui le « Fonds national pour la concertation » indispensable à la CNDP pour remplir ses nouvelles missions élargies, en s'inspirant en cela du dispositif national d'évaluation des politiques publiques. Pour manifester le rôle du Parlement dans l'énonciation de l'intérêt général, un programme annuel de la nouvelle CNDP pourrait être soumis au Parlement. Chaque Assemblée ainsi que les assemblées régionales proposeraient des thèmes ou des projets à inscrire à ce programme (d'abord constitué des « grands projets d'équipement dont les enjeux dépassent l'échelle locale », systématiquement soumis à débat public). Enfin, pour clarifier l'articulation entre débat public et décision, le bilan de chaque débat public serait transmis au Parlement et publié.

Ces propositions d'orientation d'une réforme de l'utilité publique visent à démontrer que *le net renforcement préconisé des prérogatives de la nouvelle CNDP est nécessaire pour donner un contenu procédural précis à la notion de débat en amont*. Inscrire dans la loi un dispositif d'investigation et d'évaluation environnementale, de confrontation publique des expertises, d'organisation de la controverse publique, ferait du débat public la procédure la plus avancée d'un *droit à la participation au processus décisionnel en matière d'environnement* qui n'existe pas encore en France. Les évolutions en cours du droit européen comme les attentes de la société, aujourd'hui largement reconnues comme légitimes, incitent en effet à *faire de la réforme de l'utilité publique un texte fondateur de ce nouveau droit des citoyens*. Clarifier les liens entre la nouvelle instance et le Parlement signifierait que l'extension de la démocratie participative ne menace pas la démocratie représentative mais qu'elle est, au contraire, nécessaire à sa revitalisation.

Puisqu'il s'agit bien ici de montrer la place qui revient au débat public comme procédure de démocratisation de la décision, la thématique comme les suggestions faites pour nourrir la discussion sur la réforme législative de l'utilité publique peuvent – nous semble-t-il – concerner, par extension, l'organisation de débats publics sur tous les projets de longue portée, structurant l'avenir, et non pas seulement les grands équipements territoriaux et l'environnement. C'est du moins l'ambition que nourrit l'association *Services publics* à travers les multiples contributions de ce livre, de donner à comprendre comment le débat public peut devenir un nouveau principe de réforme dans l'État.

BIBLIOGRAPHIE

Ouvrages édités :

Michel ANSELME, *Du bruit à la parole*, La Tour d'Aigues, L'Aube, « Monde en cours », 2000.

Hannah ARENDT, *Qu'est-ce que la politique ?*, trad. franç. S. Coutine-Denamy, Paris, Éditions du Seuil, « L'ordre philosophique », 1995 (édition originale établie par U. Ludz, 1993).

Catherine ATGER, *La concertation en aménagement. Éléments méthodologiques*, Lyon, CERTU, « Aménagements et urbanisme », 2000.

Richard BALME, Alain FAURE et Albert MABILEAU, *Les nouvelles politiques locales. Dynamiques de l'action publique*, Paris, Presses de Science Po, 1999.

Benjamin BARBER, *Démocratie forte*, trad. franç. J-L. Piningre, Paris, Desclée de Brouwer, « Gouvernances démocratiques », 1997 (édition originale, 1984).

Ulrich BECK, *Risk Society. Towards a New Modernity*, Londres, Sage, 1992.

Ulrich BECK, *The Reinvention of Politics. Rethinking Modernity in the Global Social Order*, Londres, Polity Press, 1997.

Vincent BERDOULAY et Olivier SOUBEYRAN, *Débat public et développement durable. Expériences nord-américaines*, Paris, DAU du Ministère de l'Équipement et SRAE du ministère de l'Environnement, « Villes et Territoires », 1996.

Maurice BLANC, Marc MORMONT, Jean RÉMY et Tom STORRIE, *Vie quotidienne et Démocratie. Pour une sociologie de la transaction sociale (suite)*, Paris, L'Harmattan, « Logiques sociales », 1994.

Loïc BLONDIAUX, Gérard MARCOU, François RANGEON (dir.), *La démocratie locale. Représentation, participation et espace public*, PUF, CURAPP/CRAPPS, 1999.

James BOHMAN & William RHEG (dir.), *Deliberative Democracy. Essays on Reason and Politics*, Cambridge (USA) & Londres, The MIT Press, 1997.

Luc BOLTANSKI et Laurent THÉVENOT, *De la justification. Les économies de la grandeur*, Paris, Gallimard, 1991.

Aryeh BOTWINICK & Peter BACHRACH, *Power and Empowerment : A Radical Theory of Participatory Democracy*, Philadelphie, Temple University Press, 1994.

Pierre BOURDIEU, *Propos sur le champ politique*, Lyon, Presses universitaires de Lyon, 2000.

Éric BRASSART (dir.), *L2, le sens de la ville (une rocade dans Marseille)*, La Tour d'Aigues, L'Aube-DDE 13, « Territoire », 1996.

Georges BURDEAU, *L'État*, Paris, Seuil, « Points-Essais », 1992.

Laurence de CARLO, *Gestion de la ville et démocratie locale*, Paris, L'Harmattan, « Villes et entreprises », 1996.

Gilbert CARRERE, *Les Transports en France*, PUF, « Que sais-je ? » n° 3246, août 1997.

Véronique CATHERIN, *La contestation des grands projets publics. Analyse microsociologique de la mobilisation des citoyens*, Paris, L'Harmattan, « Logiques politiques », 2000.

Conseil d'État, *Rapport public 1999. L'intérêt général*, La Documentation française, Études et documents du Conseil d'État n° 50, 1999.

Conseil d'État, *L'utilité publique aujourd'hui*, La Documentation française, « Les études du Conseil d'État », 1999.

Conseil scientifique de l'évaluation, *Petit guide de l'évaluation des politiques publiques*, Paris, La Documentation française, 1996.

Alain COTTEREAU et Paul LADRIERE, *Pouvoir et légitimité. Figures de l'espace public*, Paris, Éditions de l'EHESS, *Raisons pratiques* n° 3, 1992.

CRÉSAL, *Les raisons de l'action publique. Entre expertise et débat*, Paris, L'Harmattan, « Logiques politiques », 1993.

Robert A. DAHL, *Democracy and its Critics*, New Haven, The Yale University Press, 1989.

Pieter DIENEL, *Die Planungszelle*, Westdeutscher Verlag, Opladen, 3e édition, 1992.

Michel Dobry, *Sociologie des crises politiques*, Paris, Presses de la fondation nationale des sciences politiques, « Références », 1992.

Dominique Dron et Anne Réocreux (Cellule de prospective et stratégie du ministère de l'Environnement), *Débat public et infrastructures de transport*, Paris, La Documentation française, « Collection des rapports officiels », 1996.

John S. Dryzek, *Deliberative democracy and beyond : liberalism, critics, contestations*, Oxford, Oxford University Press, 2000.

Patrice Duran, *Penser l'action publique*, Paris, LGDJ, « Droit et société », 1999.

Jon Elster (dir.), *Deliberative Democracy*, Cambridge (RU) & New York, Cambridge University Press, 1998.

Alain Faure, Gilles Pollet et Philippe Warin (dir.), *La construction du sens dans les politiques publiques. Débats autour de la notion de référentiel*, Paris, L'Harmattan, « Logiques politiques », 1995.

James S. Fishkin, *The Voice of the People Public. Opinion and Democracy*, New Haven, The Yale University Press, 1996.

Bent Flyvbjerg, *Rationality & Power. Democracy in practice*, Chicago & Londres, The University of Chicago Press, Morality and Society series, 1998 (édition originale en danois, 1991).

Bastien François et Érik Neveu, *Espaces publics mosaïques. Acteurs, arènes et rhétoriques des débats publics contemporains*, Rennes, Presses de l'Université de Rennes, 1999.

Michel Gariépy et Michel Marié (dir.), *Ces réseaux qui nous gouvernent ?*, Paris et Montréal, L'Harmattan, « Villes et entreprises », 1997.

Jean-Pierre Gaudin, *Gouverner par contrat. L'action publique en question*, Paris, Presses de Science Po, 1999.

Daniel Gaxie, *La démocratie représentative*, Paris, Montchrestien, « Clefs/Politique », 2e édition 1996.

Jacques T. Godbout, *La participation contre la démocratie*, Montréal, Éditions Saint-Martin, 1983.

Herman R. van Gunsteren, *A Theory of Citizenship*, Boulder, Westview Press, 1998.

Jürgen Habermas, *Raison et légitimité. Les problèmes de légitimation dans le capitalisme avancé*, trad. franç. J. Lacoste, Paris, Payot, 1978.

Jürgen HABERMAS, *L'espace public. Archéologie de la publicité comme dimension constitutive de la société bourgeoise*, trad. franç. M. B. de Launay, Paris, Payot, 1986.

Jürgen HABERMAS, *Droit et démocratie. Entre faits et normes*, trad. franç. R. Rochlitz et C. Bouchindhomme, Paris, Gallimard, « NRF essais », 1997.

Marie-Angèle HERMITTE, *Le sang et le droit. Essai sur la transfusion sanguine*, Paris, Seuil, 1996.

Albert O. HIRSCHMAN, *Bonheur privé, action publique*, trad. franç. M. Leyris et J-B. Grasset, Paris, Fayard, « L'espace du politique », 1983 (édition originale, 1982).

Albert O. HIRSCHMAN, *Défection et prise de parole*, trad. franç. C. Besseyrias, Paris, Fayard, « L'espace du politique », 1995 (édition originale, 1970).

Bruno JOBERT et Pierre MULLER, *L'État en action. Politiques publiques et corporatismes*, Paris, PUF, « Recherches politiques », 1987.

Simon JOSS & John DURANT (eds.), *Public Participation in Science. The Role of Consensus Conferences in Europe*, Londres, Science Museum, 1996.

Michele LAMONT & Laurent THÉVENOT (dir.), *Rethinking Comparative Cultural Sociology : Repertoires of Evaluation in France and the United States*, Cambridge (RU) & New York, Cambridge University Press, 2000.

Hervé LANNOY, *Raison d'État au pays du nougat, le TGV Méditerranée en question*, Lyon, Aléa, « Pour mémoires », 1997.

Pierre LASCOUMES, *L'éco-pouvoir. Environnements et politiques*, Paris, La Découverte, « Écologie et société », 1994.

Bruno LATOUR, *Politiques de la nature. Comment faire entrer la science en démocratie*, Paris, La Découverte, « Armillaire », 1999.

Jacques LOLIVE, *Les contestations du TGV Méditerranée*, Paris, L'Harmattan, « Logiques politiques », 1999.

Bernard MANIN, *Principes du gouvernement représentatif*, Paris, Flammarion, « Champs », 1996.

Chantal MOUFFE, *La politique et ses enjeux. Pour une démocratie plurielle*, Paris, La Découverte, « Recherches, bibliothèque du MAUSS », 1994.

Pierre MULLER et Yves SUREL, *L'analyse des politiques publiques*, Paris, Montchrestien, « Clefs/Politique », 1998.

Catherine NEVEU (dir.), *Espace public et engagement politique. Enjeux et logiques de la citoyenneté locale*, Paris, L'Harmattan, « Logiques politiques », 1999.

Marion PAOLETTI, *La démocratie locale et le référendum*, Paris, L'Harmattan, 1997.

Claude QUIN (dir.), *L'administration de l'Équipement et ses usagers*, Paris, La Documentation française, 1995.

Jacques RANCIERE, *La mésentente. Politique et philosophie*, Paris, Galilée, 1995.

Jacques RANCIERE, *Aux bords du politique*, Paris, La Fabrique éditions, 1998.

Philippe ROQUEPLO, *Entre savoir et décision, l'expertise scientifique*, Paris, INRA Éditions, « Sciences en questions », 1997.

Pierre ROSANVALLON, *La démocratie inachevée. Histoire de la souveraineté du peuple depuis la Révolution*, Paris, Gallimard, NRF, « Bibliothèque des histoires », 2000.

Dominique ROUSSEAU (dir.), *La démocratie continue*, Paris, L.G.D.J.-Bruylant, 1995.

Jean RUEGG, Nicolas METTAN et Luc VODOZ, *La négociation. son rôle, sa place dans l'aménagement du territoire et la protection de l'environnement*, Lausanne, Presses polytechniques et universitaires romandes, 1992.

Jean-Jacques SALOMON, *Le destin technologique*, Paris, Balland, « Folio actuel », 1992.

Stéphanie SAUVÉE, *Mobilisation contre les infrastructures d'intérêt général. Cas du projet de TGV Ouest*, Paris, L'Harmattan, « Transport et développement humain », 2000.

Richard E. SCLOVE, *Democracy and Technology*, New York & Londres, The Guilford Press,1995.

Lucien SFEZ, *La décision*, Paris, PUF, « Que sais-je ? », 1984.

Yves SINTOMER, *De Weber à Habermas. Modernité et démocratie*, Paris, La Découverte, 1999.

Jacques THEYS et Bernard KALAORA (dir.), *La Terre outragée. Les experts sont formels*, Paris, Autrement, série « Science en société », n° 1, 1992.

Alain TOURAINE, *Qu'est-ce que la démocratie ?*, Paris, Fayard, 1994.

Jean-Yves TRÉPOS, *La sociologie de l'expertise*, Paris, PUF, « Que sais-je ? », 1996.

Norman J. VIG & Herbert PASCHEN (eds), *Parliaments and Technology. The Development of Technology Assessment in Europe*, New York, State University of New York Press, 2000.

Michael WALZER, *Pluralisme et démocratie*, Paris, Éditions Esprit, « Philosophie », 1997.

Philippe ZARIFIAN, *Éloge de la civilité. Critique du citoyen moderne*, Paris, L'Harmattan, 1997.

N° spéciaux ou dossiers de revues :

Annales des ponts et chaussées, n° 81, mars 1997, *Décision publique*, Paris, Lavoisier, dossier coordonné par Nicolas BOULEAU et Jacques THEYS.

Annales des ponts et chaussées, n° 92, décembre 1999, *Débat public et projets d'infrastructure*, Paris, Lavoisier, dossier coordonné par Jean-Pierre GALLAND.

2001 Plus, n° 54, décembre 2000, *Les commissaires enquêteurs et la construction de l'utilité publique*, Paris, Cpvs du ministère de l'Équipement, n° rédigé par Xavier PIECHACZYK.

Les cahiers de la sécurité intérieure, n° 38, 4e trimestre 1999, *Risques et démocratie,* Paris, IHESI.

Droit et ville, n° 45, octobre 1998, *Le commissaire enquêteur est-il majeur ?*, Toulouse, Institut des études juridiques de l'urbanisme et de la construction.

Écologie et politique, n° 21, automne-hiver 1997, *Aménagement, citoyenneté, démocratie*, Paris, La Découverte, dossier coordonné par Xavier PIECHACZYK.

Environment & Policy, vol. 14, 1998, *Participation and the Quality of Environmental Decision Making*, Dordrecht, Boston et Londres, Kluwer Academic Publishers, n° édité par Frans H. J. M. COENEN, Dave HUITEMA et Laurence J. O'TOOLE, Jr.

Environnement & Société, n° 18, 1997, *NIMBY. Comment gérer les conflits d'implantation ?*, Luxembourg, Fondation universitaire luxembourgeoise, n° édité par Anne BERTRAND.

Journal of Advanced Transportation, vol. 31, n° 2, septembre 1997, *Citizen Involvement in Transportation planning*, special issue edited by C. Jotin KHISTY.

Notes et études documentaires n° 4910, octobre 1990, *Les enquêtes publiques : quel avenir ? Environnement et information des citoyens*, Paris, La Documentation française, n° rédigé par Michel PRIEUR.

Pétition, n° 4, printemps-été 1999, *La prise de parole*, Paris, Arléa.

Politix, n° 42, deuxième trimestre 1998, *Définir l'intérêt général*, Paris, L'Harmattan, dossier coordonné par Brigitte GAITI avec Athur JOBERT et Jérôme VALLUY.

Responsabilité et environnement – Annales des Mines, n° 9, janvier-mars 1998 et n° 10, avril-juin 1998, *Comment organiser un débat public*, Paris, Eska.

Société française, n° 12-13, octobre-décembre 1998, *Territoire, débat public, démocratie*, Paris, dossier coordonné par Jean-Michel FOURNIAU.

Techniques, Territoires et Sociétés n° 22-23, juin 1993, *L'argument écologique et l'aménagement*, Paris, Drast-Cpvs du ministère de l'Équipement, n° coordonné par Jean-Pierre GALLAND.

Techniques, Territoires et Sociétés n° 24-25, juillet 1993, *La production de l'assentiment dans les politiques publiques*, Paris, Drast-Cpvs du ministère de l'Équipement, n° coordonné par Michel JOUBERT, Numa MURARD et Albert OGIEN.

Techniques, Territoires et Sociétés n° 31, mai 1996, *Projets d'infrastructures et débat public*, Paris, Drast-Cpvs du ministère de l'Équipement, n° coordonné par Jean-Michel FOURNIAU et Marie-José ROUSSEL.

Techniques, Territoires et Sociétés n° 34, mai 1997, *Projets d'infrastructures et débat public. Expériences étrangères*, Paris, Drast-Cpvs du ministère de l'Équipement, n° coordonné par Jean-Michel FOURNIAU et Marie-José ROUSSEL.

Thèses, rapports de recherche, actes de colloque et rapports officiels non publiés :

Yannick BARTHE, *La mise en politique des déchets nucléaires. L'action publique aux prises avec les irréversibilités techniques*, thèse de socio-économie de l'innovation, École nationale supérieure des Mines de Paris, décembre 2000.

Cécile BLATRIX, *La « démocratie participative », de Mai 1968 aux mobilisations anti-TGV. Processus de consolidation d'institutions sociales émergentes*, thèse de science politique, Université Paris I, janvier 2000.

Huguette BOUCHARDEAU, *L'enquête publique. Rapport au ministre de l'Environnement*, Paris, Ministère de l'Environnement, décembre 1993.

Gilbert CARRERE, *Transports, destination 2002. Recommandations pour l'action*, rapport au ministre de l'Équipement, du Logement et des Transports, Paris, 21 juillet 1992.

Bruno CHARLIER, *La défense de l'environnement : entre espace et territoire. Géographie des conflits environnementaux déclenchés en France depuis 1974*, thèse de géographie et d'aménagement, Université de Pau et des Pays de l'Adour, 1999.

Florian CHARVOLIN, *L'invention de l'Environnement en France (1969-1971). Les pratiques documentaires d'agrégation à l'origine du ministère de la protection de la nature et de l'environnement*, thèse de science politique, Institut d'études politiques de Grenoble et École nationale supérieure des Mines de Paris, juin 1993.

Carole CHEVILLEY HIVER, *La participation directe des citoyens aux décisions locales*, thèse de science politique, Université de Besançon, 1999.

Anna COOTE et Jo LENAGHAN, *Citizens' Juries : Theory into Practice*, Londres, Institute for Public Policy Research, 1997.

François CORBIER, *Le grand canal Rhin-Rhône. Les méandres politiques et cognitifs d'une expertise pluraliste*, mémoire de DEA de science politique, Université Paris I, septembre 1999.

Équipe « Enquêtes et débats publics : l'expérience démocratique », *Évaluer, débattre ou négocier l'utilité publique ? Conflits d'aménagement et pratiques de conduite des projets*, DTT du ministère de l'Équipement et INRETS, 3 volumes :
• vol. 1 : Sandrine RUI, Marianne OLLIVIER-TRIGALO et Jean-Michel FOURNIAU, *L'expérience de la mise en discussion publique des projets d'aménagement. Ateliers de bilan du débat public*, 2 tomes, juillet 1999.
• vol. 2 : Marianne OLLIVIER-TRIGALO et Xavier PIECHACZYK, *Le débat public en amont des projets d'aménagement : un thème pour une communauté d'idée*, novembre 2000.
• vol. 3 : Cécile BLATRIX, José-Frédéric DEROUBAIX, Arthur JOBERT et Yann LE FLOCH, *Ménager le territoire : mémoire des acteurs et interactions des projets*, Août 1999.

Espaces pour demain, *« L'utilité publique n'est plus ce qu'elle était ? » Expertise, arbitrage, conciliation, médiation*, Paris, 1997.

Jean-Michel FOURNIAU et Anne PERONO-CIT, *Le carrousel des passions et des raisons. Conflit et délibération sur le projet Boutre-Carros*, INRETS et CRESF, décembre 1998.

Pierre HAMEL, *Consultation publique et politiques urbaines : matériaux pour une évaluation de la politique de consultation publique élaborée par la ville de Montréal (1988-1994)*, Montréal, Institut d'urbanisme de l'Université de Montréal, février 2000.

HYDRO-QUÉBEC, *La participation du public aux projets d'équipement*, Montréal, Vice-présidence d'Hydro-Québec, 1991.

HYDRO-QUÉBEC, *Programme de participation publique provinciale au plan de développement 1996*, Montréal, Vice-présidence d'Hydro-Québec, février 1994.

Mathieu LEBORGNE, *De quelques caractères associatifs. La mobilisation associative entre l'élu local et le citoyen lors du débat public relatif au projet de ligne THT entre Boutre (Var) et Carros (Alpes-Maritimes)*, Ministère de l'Environnement et de l'Aménagement du territoire et SHADYC (EHESS), Marseille, janvier 1999.

Mathieu MALAQUIN, *L'administration routière et la mise en place de pratiques de concertation dans la conduite de projets routiers. Recherche sur la perte d'emprise du modèle normatif de l'action administrative*, mémoire du DEA « Dynamique des organisations et transformations sociales », Université de Paris-Dauphine, 1998.

Jean-Louis MARIE (dir.), *Construction des acteurs, de leurs conflits et de leurs ententes dans les processus décisionnels relatifs aux grandes infrastructures de transport : quelques terrains rhônalpins*, Lyon, DATAR et CERIEP, juillet 1995.

Observatoire interrégional du politique, *Les régions et la politique des transports*, Rouen, CNRS-FNSP-Région Haute-Normandie, 1994.

Jean-Marc OFFNER et Marianne OLLIVIER-TRIGALO (dir.), *Les grands projets de transports. Langages de l'évaluation, discours de la décision*, Paris, INRETS, Synthèse n° 10, novembre 1987.

Jean OLLIVRO, *Essai de modélisation d'une implantation ferroviaire : l'exemple du TGV Méditerranée*, thèse de géographie, Université de Haute-Bretagne, Rennes, octobre 1994.

Xavier PIECHACZYK, *Les commissaires enquêteurs et la fabrique de l'intérêt général. Éléments pour une sociologie politique des enquêtes publiques*, thèse de science politique, Institut d'études politiques de Grenoble, mai 2000.

Sandrine RUI, *Conflits d'aménagement, débat public et intérêt général : une expérience démocratique ?*, thèse de sociologie, Université de Bordeaux II, janvier 2001.

Sandrine RUI et Jean-Michel FOURNIAU, *Mobilisation politique, routine institutionnelle et expérience démocratique. Rapport d'obser-*

vation sur la conduite du débat public en amont de la décision de réalisation du TGV Aquitaine, Paris, INRETS, mai 1998.

Muriel TAPIE-GRIME et Valérie BERNAT, *L'accès à la parole : source d'entente et objet de dispute. Rapport d'observation sur la conduite du débat public en amont de la décision de réalisation du bouclage Ouest de la Francilienne (A184)*, Paris, DRÉIF-INRETS, mai 1995.

Muriel TAPIE-GRIME et Jean-Michel FOURNIAU, *Aléas et incertitude de la participation riverain*, Paris, DRÉIF-INRETS, novembre 1997.

Jacques THEYS, *L'expert contre le citoyen ? Le cas de l'environnement*, Paris, Ministère de l'Équipement, Note du CPVS n° 2, 1996.

Anne TRICOT, *L'empire du milieu : quand une controverse environnementale interroge la conception et la conduite d'un projet autoroutier*, thèse de géographie et d'aménagement, Université de Pau et des Pays de l'Adour, janvier 1998.

Jérôme VALLUY, *Le gouvernement partenarial. Étude de la prolifération des activités de gouvernement conventionnelles dans deux configurations de politique publique de l'environnement industriel en France*, thèse de science politique, Institut d'études politiques de Paris, janvier 1999.

Articles :

Sherry R. ARNSTEIN, « A Ladder of Citizen Participation », *The Journal of the American Institute of Planners*, n° 35, juillet 1969, pp. 216-224.

Cécile BLATRIX, « Vers une “démocratie participative” : Le cas de l'enquête publique » *in* Jacques CHEVALLIER (dir.), *La Gouvernabilité*, Paris, PUF-CURAPP, 1996.

Cécile BLATRIX, « Le référendum local, une procédure de démocratie participative ? Bilan et perspectives », *in* Daniel GAXIE (dir.), *Luttes d'institutions. Enjeux et contradictions de l'administration territoriale*, Paris, L'Harmattan, 1997, pp. 233-269.

Daniel BOY, Dominique DONNET-KAMEL, Philippe ROQUEPLO, « Un exemple de démocratie participative : la conférence des citoyens sur les organismes génétiquement modifiés », *Revue française de science politique*, vol. 50, n° 4-5, Paris, Presses de Science Po, 2000, pp. 779-810.

Jacques CAILLOSSE, « L'expérience française de décentralisation et la question de la démocratie locale aujourd'hui », *Les Cahiers du*

Centre national de la Fonction publique territoriale, n° 37, Paris, décembre 1992, pp. 70-82.

Michel CALLON, Pierre LASCOUMES et Yannick BARTHE, « Information, consultation, expérimentation : les activités et les formes d'organisation au sein des forums hybrides » *in* Claude GILBERT (dir.) *Séminaire du Programme Risques Collectifs et Situations de Crise*, Paris, CNRS et École des Mines de Paris, Actes de la 8ème séance, 12 juin 1997, doc. ronéotypé.

Daniel CEFAI, « La construction des problèmes publics. Définitions de situations dans des arènes publiques », *Réseaux* n° 75, Paris, 1996, pp. 43-66.

Ned CROSBY et *alii*, « Citizen Panels : A New Approach to Citizen Participation », *Public Administration Review*, vol. 46, 1986, pp. 170-178.

Robert A. DAHL, « De la démocratie délibérative. Comment réformer le système de santé ? », *Le Débat* n° 97, Paris, Gallimard, 1997, pp. 83-89.

Jacques DEFRANCE, « "Donner" la parole. La construction d'une relation d'échange », *Actes de la recherche en sciences sociales*, n° 73, Paris, juin 1988, pp. 52-66.

Patrice DURAN et Jean-Claude THOENIG, « L'État et la gestion publique territoriale », *Revue française de science politique*, vol. 46, n° 4, Paris, Presses de Science Po, 1996, pp. 580-622.

Jean-Michel FOURNIAU, « Évaluation et conduite des grands projets d'infrastructure de transport : des expériences de renouvellement encore hésitantes » *in* Odile HEDDEBAUT (dir.), *Grandes infrastructures de transport et territoires. L'évaluation des grandes infrastructures de transport : méthodes, outils et pratiques*, Paris, INRETS, Actes n° 60, juin 1997, pp. 51-76.

Jean-Michel FOURNIAU, « Les transports : ambivalences des réformes des procédures de concertation » *in* Philippe WARIN (dir.), *Quelle modernisation des services publics ? Les usagers au cœur des réformes*, Paris, La Découverte, « Recherches », 1997, pp. 243-264.

Michel GARIÉPY, « Toward a Dual Influence System : Assessing the Effects of Public Participation in Environmental Impact Assessment for Hydro-Québec Projects », *Environmental Impact Assessment Review*, n° 11, 1991, pp. 353-374.

Pierre HAMEL, « Urban Politics in the 1990s : The Difficult Renewal of Local Democracy », *International Political Science Review*, vol. 19, n° 2, Londres, Sage, 1998, pp. 173-186.

Bruno JOBERT, « Représentations sociales, controverses et débats dans la conduite des politiques publiques », *Revue française de science politique*, vol. 42, n° 2, Paris, Presses de Science Po, 1992, p. 224-225.

Simon JOSS, « Danish consensus conferences as a model of participatory technology assessment : an impact study of consensus conferences on Danish Parliament and Danish public debate », *Science and Public Policy*, vol. 25, 1998, pp. 2-22.

Bernard LACROIX, « La crise de la démocratie représentative en France. Éléments pour une discussion sociologique du problème », *Scalpel*, n° 1, Paris, 1994, pp. 6-29.

Claudette LAFAYE et Laurent THÉVENOT, « Une justification écologique ? Conflits dans l'aménagement de la nature », *Revue française de sociologie*, vol. 34, n° 4, Paris, Presses de Science Po, 1993, pp. 495-524.

Jean LECA, « Enseignements de l'évaluation des politiques publiques », *Électricité et sociétés* n° 21, Paris, 20 septembre 1995, pp. 1-5.

Jean LECA, « La "gouvernance" en France sous la Cinquième République. Une perspective de sociologie comparative » *in* François D'ARCY et Luc ROUBAN, *De la Ve République à l'Europe*, Paris, Presses de Sciences Po, 1996, pp. 329-365.

Jacques LOLIVE, « La montée en généralité pour sortir du Nimby : la mobilisation associative contre le TGV Méditerranée », *Politix*, n° 39, Paris, L'Harmattan, 1997, pp. 109-130.

Yves LUCHAIRE, « État des lieux des pratiques de citoyenneté » *in* Guy LOINGER et Jean-Claude NÉMERY (dir.), *Construire la dynamique des territoires... Acteurs, institutions, citoyenneté active*, Paris, L'Harmattan, Administration et aménagement du territoire, 1997, pp. 241-252.

Patrice MANIGLIER, « La politique sans l'État. Sur la définition néo-républicaine de Herman van Gunsteren », *Actuel Marx* n° 23, Paris, PUF, 1er semestre 1998, pp. 149-170.

Bernard MANIN, « Volonté générale ou délibération ? Esquisse d'une théorie de la délibération politique », *Le Débat* n° 33, Paris, Gallimard, 1985, pp. 72-93.

Nonna MAYER, « Le sondage délibératif au secours de la démocratie », *Le Débat* n° 96, Paris, Gallimard, 1996, pp. 67-72.

Pierre MULLER, « Entre le local et l'Europe, la crise du modèle français de politiques publiques », *Revue française de science politique*, vol. 42, n° 2, Paris, Presses de Science Po, 1992, pp. 275-297.

Nicole QUESTIAUX, « L'utilité publique des grands travaux d'infrastructure routière et ferroviaire » *in L'État de droit. Mélanges en l'honneur de Guy Braibant*, Paris, Dalloz, 1996, pp. 597-608.

Claude QUIN, « Crise de l'État : la citoyenneté au quotidien », *Société française* n° 1(51), Paris, avril-juin 1995, pp. 13-21.

Élisabeth RÉMY, « Apprivoiser la technique : un débat public autour d'une ligne à très haute tension », *Politix*, n° 31, Paris, L'Harmattan, 1995, pp. 136-144.

Gene ROWE, Lyon J. FREWER, « Public participation methods : a framework for evaluation », *Science, Technology and Human Values*, vol 25, n° 1, 2000, pp. 3-29.

Étienne TASSIN, « Qu'est-ce qu'un sujet politique ? Remarques sur les notions d'identité et d'action », *Esprit*, Paris, mars-avril 1997, pp. 18-36.

Anne TRICOT, « La prise en compte de la controverse dans l'aménagement du territoire : peut-on négocier le futur ? », *Espaces et sociétés*, n° 74-75, Paris, 1994, pp. 69-96.

Dany TROM, « De la réfutation de l'effet Nimby considérée comme une politique militante. Note pour une approche pragmatique de l'activité militante », *Revue française de science politique*, vol. 49, n° 1, Paris, Presses de Science Po, 1999, pp. 31-49.

Pierre URFALINO, « La délibération et la dimension normative de la décision collective » *in* Jacques COMMAILLE, Laurence DUMOULIN, Cécile ROBERT, *La juridicisation du politique. Leçons scientifiques*, Paris, LGDJ, « Droit et société », 2000.

Philippe WARIN, « Les "ressortissants" dans les analyses des politiques publiques », *Revue française de science politique*, vol. 49, n° 1, Paris, Presses de Science Po, 1999, pp. 103-120.

Maarten WOLSINK, « Entanglement of Interests and Motives : Assumptions behind the Nimby-theory on Facility Siting », *Urban Studies*, vol. 31, n° 6, 1994, pp. 851-866.

ANNEXES

Annexe 1. Circulaire n° 92-61 du 15 décembre 1992 relative à la conduite des grands projets nationaux d'infrastructures (circulaire « Bianco »).

Annexe 2. Loi n° 95-101 du 2 février 1995 relative au renforcement de la protection de l'environnement (loi « Barnier »), articles 1 et 2.

Annexe 3. Décret n° 96-388 du 10 mai 1996 relatif à la consultation du public et des associations en amont des décisions d'aménagement pris pour l'application de l'article 2 de la loi n° 95-101 du 2 février 1995 relative au renforcement de la protection de l'environnement (*modifié par le décret n° 99-630 du 21 juillet 1999*).

Annexe 4. Charte de la concertation, proposée par le ministère de l'Environnement le 10 juillet 1996.

Annexe 5. Articles L300-1 et L300-2 du code de l'urbanisme (concertation).

Annexe 6. Chapitres du code général des collectivités territoriales relatifs à la participation des habitants à la vie locale (référendum local)

CIRCULAIRE N° 92-61 DU 15 DÉCEMBRE 1992 RELATIVE À LA CONDUITE DES GRANDS PROJETS NATIONAUX D'INFRASTRUCTURES (CIRCULAIRE « BIANCO »)

Le ministre de l'Équipement, du Logement et des Transports

à

– Messieurs les préfets de région

– Mesdames et Messieurs les préfets de département

Les grands projets nationaux d'infrastructures sont nécessaires au développement économique et social de notre pays. Ils constituent des éléments essentiels d'une politique d'aménagement du territoire.

Dans une démocratie moderne, ils ne peuvent être réalisés qu'après un large débat auquel doivent participer tous les partenaires concernés.

La pratique actuelle est orientée principalement vers la recherche du meilleur tracé dans le cadre de la procédure d'utilité publique. Les compléments importants apportés pour la protection de l'environnement naturel par la loi du 10 juillet 1976 relative à la protection de la nature[1], et pour la généralisation des enquêtes publiques par la loi « Bouchardeau » du 12 juillet 1983[2] n'ont pas pour objet et ne permettent donc pas de répondre suffisamment aux questions posées quant à leur intérêt économique et social, ni quant à leur impact en matière d'aménagement du territoire.

La loi d'orientation des transports intérieurs du 30 décembre 1982[3] a affirmé les notions d'efficacité économique et sociale et la nécessaire évaluation multicritères des projets. Mais elle n'a pas précisé l'organisation du débat démocratique.

Ces insuffisances conduisent souvent à la mise en cause de la légitimité des projets et de toute décision de réalisation quelle qu'elle soit.

C'est pourquoi j'ai décidé de préciser les conditions d'un débat transparent et démocratique pour la conception et la réalisation des grandes infrastructures décidées par l'État.

Une première phase de débat sur les grandes fonctions de l'infrastructure envisagée doit être organisée dès la conception du projet et en tout cas en amont des études de tracé. Cette phase permettra aux élus, aux forces sociales, économiques, associatives, à chaque citoyen de s'informer et de

1. et son décret n° 77-1141 du 12 octobre 1977 pris pour son application.
2. et son décret n° 85-453 du 23 avril 1985 pris pour son application.
3. et son décret n° 84-617 du 17 juillet 1984 pris pour son application.

débattre des enjeux économiques, sociaux, environnementaux du projet. Elle doit préciser les interrogations et les divergences.

À l'issue de cette phase, c'est au gouvernement qu'il revient d'arrêter les grandes orientations qui seront formalisées dans un cahier des charges rendu public.

C'est à partir de ce cahier des charges que les études de tracé seront engagées. Parallèlement à celles-ci sera réalisée une synthèse des perspectives régionales et locales d'aménagement et de développement afin de favoriser l'intégration de l'infrastructure dans les territoires concernés et la valorisation de ceux-ci.

Ensuite, sera menée l'enquête publique dans les conditions réglementaires.

À l'issue du processus débouchant sur l'acte déclaratif d'utilité publique, une liste des engagements de l'État en matière d'insertion économique et sociale et de protection des espaces concernés sera rendue publique afin d'en permettre le suivi.

Un bilan économique, social, et environnemental du projet sera établi par le maître d'ouvrage dans les années qui suivent la mise en service de l'infrastructure.

L'ensemble de ces dispositions seront mises en œuvre sous la responsabilité des préfets concernés. Les responsables régionaux et locaux, politiques, économiques, sociaux, associatifs, seront associés aux différentes phases précédant et suivant l'enquête publique.

1. Champ d'application de la présente circulaire

Cette circulaire s'applique aux lignes ferroviaires à grande vitesse et aux autoroutes répondant aux critères fixés par l'article 2 du décret du 17 juillet 1984 pris pour l'application de la Loti. Ses dispositions pourront être étendues à d'autres grands projets d'infrastructure, les grands aménagements de voies ferroviaires ou routières existantes, aux voies navigables à grand gabarit…

Elle s'applique à l'ensemble des projets pour lesquels l'enquête préalable à la déclaration d'utilité publique n'a pas été lancée, tout en prenant en compte les études et les débats déjà menés. Pour les autres projets, le préfet coordonnateur de l'enquête publique me proposera les adaptations conformes à l'esprit de cette circulaire.

2. Organiser une phase de débat sur l'intérêt économique et social, préalable à l'enquête publique

Cette phase de débat sera organisée sous la responsabilité d'un préfet coordonnateur que je désignerai.

Le débat portera sur les grandes fonctions de l'infrastructure dans une approche intermodale :

• intérêt économique et social,

• conditions de valorisation de l'aménagement des territoires desservis,

• impact sur l'environnement humain et naturel des espaces traversés,

• améliorations des conditions de transport de la population.

Lorsque le projet constitue un maillon d'une liaison plus importante, le débat portera sur l'ensemble de l'itinéraire.

Le débat sera lancé à partir d'un document que j'adresserai au préfet-coordonnateur et qui précisera les objectifs visés, l'articulation avec les autres modes de transport, et la durée souhaitable de ce débat.

Il sera organisé avec la participation des différents responsables concernés : politiques, socio-économiques, associatifs (environnementalistes, usagers, riverains...) Vous apprécierez leur représentativité au regard de la globalité des intérêts en jeu.

Afin d'assurer la transparence du débat, une commission de suivi sera constituée auprès du préfet coordonnateur jusqu'au lancement de l'enquête préalable à la déclaration d'utilité publique. Cette commission veillera à la qualité et la pertinence des informations portées à la connaissance du public et à l'existence de débats ouverts et pluralistes. Elle pourra faire des suggestions pour la conduite des études et de la concertation. Elle veillera à ce que les questions posées par des partenaires de la concertation reçoivent en temps utile des réponses argumentées. Elle pourra proposer d'engager des expertises externes qui seront financées par le maître d'ouvrage.

À l'issue du débat, le préfet-coordonnateur en établira un bilan et me proposera un projet de cahier des charges.

Au terme de cette phase de débat, le gouvernement arrêtera le cahier des charges de l'infrastructure qui sera rendu public. Ce document d'information accompagnera le dossier soumis à l'enquête préalable à la déclaration d'utilité publique.

Le cahier des charges exposera les différentes finalités du projet. Il précisera et justifiera les choix envisagés vis-à-vis des solutions et modes alternatifs. Il identifiera les enjeux d'aménagement et de protection de l'espace devant être pris en compte. Enfin, il fixera les modalités de conduite du projet.

C'est à partir de ce cahier des charges que seront engagées les études de tracé. Ces études pourront être réalisées sur la totalité de l'infrastructure ou décomposées en sous-ensembles homogènes tout en respectant la cohérence d'ensemble.

3. Intégrer les études de tracé dans une perspective d'aménagement des territoires concernés

Les grandes infrastructures ont un impact important sur l'aménagement et le développement des territoires traversés et desservis. À l'inverse, elles doivent prendre en compte les politiques conduites par l'État dans d'autres domaines ainsi que les projets des collectivités territoriales concernées.

C'est pourquoi il est indispensable que les potentialités créées par cette infrastructure soient identifiées et intégrées dans une synthèse des perspectives d'aménagement faisant apparaître les orientations en matière de développement, de protection et de mise en valeur des territoires.

Cette synthèse est établie en partenariat avec les collectivités territoriales impliquées et doit, dans la mesure du possible, recueillir leur adhésion.

Elle constitue une référence pour les actions susceptibles d'être engagées en accompagnement du projet. En outre, il appartient, le cas échéant, à l'État et aux collectivités territoriales concernées de prendre en considération cette synthèse dans les documents d'urbanisme.

Ce processus sera conduit sous la responsabilité du préfet, le volet aménagement constituant l'un des éléments du choix du « fuseau » ; il sera ensuite poursuivi pendant la phase d'avant-projet sommaire.

Les éléments de contenu de cette synthèse, et l'aire géographique concernée devront être précisés dans le cahier des charges du projet.

Le cahier des charges, le bilan du débat et la synthèse des perspectives d'aménagement accompagneront le dossier soumis à l'enquête publique.

4. Afficher les engagements de l'État et suivre leur mise en œuvre

À partir des observations recueillies pendant l'enquête publique et des avis exprimés par la commission d'enquête et le Conseil d'État, des modifications, parfois importantes, sont décidées pour améliorer le projet et son insertion (environnement, aménagement du territoire, développement local...) dans les territoires concernés. Ces modifications ainsi que les principales dispositions en matière d'insertion déjà prévues par le projet soumis à l'enquête seront rendues publiques en même temps que l'acte déclaratif d'utilité publique, permettant ainsi une meilleure information des citoyens et un suivi des engagements de l'État.

Chaque préfet intéressé constituera, avec les responsables locaux concernés (élus, forces sociales, économiques, associations locales...), un comité de suivi de la mise en œuvre des engagements de l'État. Le maître d'ouvrage rapportera régulièrement devant ce comité.

Le préfet pourra faire appel à des experts pour évaluer les propositions du maître d'ouvrage, voire les compléter.

Un bilan économique, social et environnemental de l'infrastructure sera établi par le maître d'ouvrage et présenté au comité de suivi des engagements de l'État réuni par le préfet entre trois ans et cinq ans après la mise en service de l'infrastructure.

Un bilan intermédiaire sera présenté un an après la mise en service.

Le ministre de l'Équipement, du Logement et des Transports

Jean-Louis Bianco

LOI N° 95-101 DU 2 FÉVRIER 1995, RELATIVE AU RENFORCEMENT DE LA PROTECTION DE L'ENVIRONNEMENT (LOI « BARNIER »)

(*Journal Officiel* du 3 février 1995)

Art. 1er. Le livre II nouveau du code rural est ainsi modifié et complété :

I. L'article L. 200-1 est ainsi rédigé :

« Art. L. 200-1. Les espaces, ressources et milieux naturels, les sites et paysages, les espèces animales et végétales, la diversité et les équilibres biologiques auxquels ils participent font partie du patrimoine commun de la nation.

« Leur protection, leur mise en valeur, leur restauration, leur remise en état et leur gestion sont d'intérêt général et concourent à l'objectif de développement durable qui vise à satisfaire les besoins de développement des générations présentes sans compromettre la capacité des générations futures à répondre aux leurs. Elles s'inspirent, dans le cadre des lois qui en définissent la portée, des principes suivants :

« – le principe de précaution, selon lequel l'absence de certitudes, compte tenu des connaissances scientifiques et techniques du moment, ne doit pas retarder l'adoption de mesures effectives et proportionnées visant à prévenir un risque de dommages graves et irréversibles à l'environnement à un coût économiquement acceptable ;

« – le principe d'action préventive et de correction, par priorité à la source, des atteintes à l'environnement, en utilisant les meilleures techniques disponibles à un coût économiquement acceptable ;

« – le principe pollueur-payeur, selon lequel les frais résultant des mesures de prévention, de réduction de la pollution et de lutte contre celle-ci doivent être supportés par le pollueur ;

« – le principe de participation, selon lequel chaque citoyen doit avoir accès aux informations relatives à l'environnement, y compris celles relatives aux substances et activités dangereuses. »

II. Il est inséré un article L. 200-2 ainsi rédigé :

« Art. L. 200-2. Les lois et règlements organisent le droit de chacun à un environnement sain et contribuent à assurer un équilibre harmonieux entre les zones urbaines et les zones rurales.

« Il est du devoir de chacun de veiller à la sauvegarde et de contribuer à la protection de l'environnement.

« Les personnes publiques et privées doivent, dans toutes leurs activités, se conformer aux mêmes exigences. »

Titre Ier
Dispositions relatives à la participation du public et des associations en matière d'environnement

Chapitre Ier
De la consultation du public et des associations en amont des décisions d'aménagement

Art. 2. Sans préjudice des dispositions de la loi n° 83-630 du 12 juillet 1983 relative à la démocratisation des enquêtes publiques et à la protection de l'environnement et de l'article L. 300-2 du code de l'urbanisme, pour les grandes opérations publiques d'aménagement d'intérêt national de l'État, des collectivités territoriales, des établissements publics et des sociétés d'économie mixte, présentant un fort enjeu socio-économique ou ayant un impact significatif sur l'environnement, un débat public peut être organisé sur les objectifs et les caractéristiques principales des projets, pendant la phase de leur élaboration.

Il est créé une commission dite « Commission nationale du débat public ». Cette commission peut être saisie conjointement par les ministres dont dépendent les projets pouvant donner lieu à débat public et par le ministre chargé de l'environnement ainsi que, pour les projets des collectivités territoriales ou de leurs établissements publics, par le ministre chargé des collectivités locales après consultation desdites collectivités territoriales.

La Commission nationale du débat public peut aussi être saisie par au moins vingt députés ou vingt sénateurs ainsi que par les conseils régionaux territorialement concernés par le projet.

Les associations agréées de protection de l'environnement mentionnées à l'article L. 252-1 du code rural, exerçant leur activité sur l'ensemble du territoire national, peuvent demander à la commission de se saisir d'un projet tel que défini au premier alinéa.

Lorsque la commission est saisie, elle consulte les ministres concernés.

La Commission nationale du débat public est composée, à parts égales :

– de parlementaires et d'élus locaux ;

– de membres du Conseil d'État et des juridictions de l'ordre administratif et judiciaire ;

– de représentants d'associations agréées de protection de l'environnement exerçant leur activité sur l'ensemble du territoire national, de représentants des usagers et de personnalités qualifiées.

Elle est présidée par un conseiller d'État en activité ou honoraire.

La Commission nationale du débat public constitue pour chaque projet une commission particulière présidée par un de ses membres[4], qui organise le débat public.

Les personnes intéressées à l'opération à titre personnel ou en raison de leurs fonctions ne peuvent faire partie de la commission particulière chargée d'organiser le débat public sur ladite opération.

À l'issue du débat public, le prési-

4. Le Conseil constitutionnel a jugé que la disposition « présidée par un de ses membres » avait le caractère réglementaire, dans sa décision n° 99-184 L du 18 mars 1999, publiée au *Journal Officiel* du 20 mars 1999

dent de la Commission nationale dresse un bilan de ce débat et en public le compte rendu, qui est mis à la disposition du commissaire enquêteur ou de la commission d'enquête.

Un décret en Conseil d'État précise, en tant que de besoin, les conditions d'application du présent article, et notamment le stade d'élaboration du projet avant lequel le débat peut être organisé, les conditions de nomination du président et des membres de la commission et les conditions dans lesquelles le maître d'ouvrage peut être appelé à contribuer au financement du déroulement du débat public.

DÉCRET N° 96-388 DU 10 MAI 1996 RELATIF À LA CONSULTATION DU PUBLIC ET DES ASSOCIATIONS EN AMONT DES DÉCISIONS D'AMÉNAGEMENT PRIS POUR L'APPLICATION DE L'ARTICLE 2 DE LA LOI N° 95-101 DU 2 FÉVRIER 1995 RELATIVE AU RENFORCEMENT DE LA PROTECTION DE L'ENVIRONNEMENT

(*Journal Officiel* du 11 mai 1996)

Art. 1er. Le présent décret définit les conditions dans lesquelles un débat public peut être organisé sur les objectifs et les caractéristiques principales des grandes opérations d'aménagement d'intérêt national de l'État, des collectivités territoriales, des établissements publics et des sociétés d'économie mixte. Il concerne l'ensemble des opérations présentant un fort enjeu socio-économique ou ayant un impact significatif sur l'environnement, afin de permettre un débat public, avant la mention au Journal officiel, ou la publication régulière de la décision fixant les principales caractéristiques du projet et, en tout état de cause, avant l'arrêté prescrivant l'enquête publique. L'annexe au présent décret précise, pour les opérations principalement concernées, le stade d'élaboration du projet avant lequel le débat public peut être organisé. Le présent décret ne s'applique pas aux installations relevant du ministre de la défense ou soumises à des règles de protection du secret de la défense nationale.

Art. 2. Le président et les membres de la Commission nationale du débat public sont nommés par arrêté du Premier ministre, pour une durée de cinq ans. Leur mandat est renouvelable une fois. La Commission nationale du débat public est présidée par un conseiller d'État en activité ou honoraire. Elle comprend outre son président :

– un membre du Conseil d'État, nommé sur proposition du vice-président du Conseil d'État ;

– un membre de la Cour de cassation, nommé sur proposition du premier président de cette juridiction ;

– un membre de la Cour des comptes, nommé sur proposition du premier président de cette juridiction ;

– un membre du corps des membres des tribunaux administratifs et des cours administratives d'appel, nommé sur proposition du Conseil supérieur des tribunaux administratifs et des cours administratives d'appel ;

– un magistrat des cours et tribunaux de l'ordre judiciaire, nommé sur proposition du garde des sceaux, ministre de la justice ;

– un député et un sénateur, nommés sur proposition de l'assemblée dont ils sont membres ;

– un président de conseil régional, nommé sur proposition de l'Association nationale des élus régionaux ;

– un président de conseil général, nommé sur proposition de l'Assem-

blée des présidents des conseils généraux de France ;
– deux maires, nommés sur proposition de l'Association des maires de France ;
– deux représentants d'associations agréées de protection de l'environnement, en application de l'article L. 252-1 du code rural, exerçant leur activité sur l'ensemble du territoire national, nommés sur proposition du ministre chargé de l'environnement ;
– deux représentants des usagers, respectivement nommés sur proposition du ministre chargé de l'économie et du ministre chargé des transports ;
– deux personnalités qualifiées, respectivement nommées sur proposition du ministre chargé de l'industrie et conjointement sur proposition du ministre chargé des transports et du ministre chargé de l'équipement.

Art. 3. *(Décret n° 99-630 du 21 juillet 1999, Journal Officiel 168 du 23 juillet 1999)*

La Commission nationale du débat public élabore son règlement intérieur. Ce règlement fixe *les conditions de désignation du président des commissions particulières ainsi que* les règles de fonctionnement communes à ces commissions. Les crédits nécessaires à l'accomplissement des missions de la commission sont inscrits au budget du ministère de l'environnement. La commission a son siège au ministère de l'environnement.

Art. 4. La commission est saisie d'une demande de débat public par lettre adressée à son président qui en informe le maître d'ouvrage si la demande n'émane pas de celui-ci. Si la saisine est effectuée par un conseil régional territorialement concerné, la lettre adressée au président de la commission est accompagnée de la délibération correspondante du conseil régional. Lorsque la saisine émane de vingt députés ou de vingt sénateurs, ou des conseils régionaux territorialement concernés par le projet, la commission sollicite l'avis des ministres intéressés sur le caractère d'intérêt national du projet, sur son enjeu socio-économique et sur son impact sur l'environnement. Au vu de ces avis, la commission décide alors, ou non, l'organisation d'un débat public. Lorsque la demande émane d'une association agréée de protection de l'environnement, au sens de l'article L. 252-1 du code rural, exerçant son activité sur l'ensemble du territoire national, la commission sollicite l'avis des ministres intéressés si elle envisage de donner suite à la demande.

Art. 5. *(Décret n° 99-630 du 21 juillet 1999, Journal Officiel 168 du 23 Juillet 1999)*

Pour chaque projet retenu, la commission nationale constitue une commission particulière. *Le président de la commission particulière est désigné par la commission nationale sur proposition de son président, parmi les catégories de personnes énumérées à l'article 2 du présent décret.* Les commissions particulières sont composées, en fonction de l'importance du projet concerné, de trois à sept membres, y compris le président. La commission nationale désigne les autres membres de cette commission sur proposition du président de la commission particulière.

Art. 6. Le débat public est mené sur la base d'un dossier fourni par le maître d'ouvrage, comportant notamment une description générale des objectifs et des principales caractéristiques du projet, l'appréciation des enjeux économiques et sociaux, l'identification des principaux impacts sur l'environnement et l'estimation du coût économique et social du projet. Le délai du débat public ne débute, sur décision du président de la commission nationale, qu'à compter de la production du dossier complet. Si, lors de l'organisation du débat, il apparaît à la commission particulière que certains documents nécessaires au débat public n'ont pas été communiqués par le maître d'ouvrage, elle demande à celui-ci de compléter le dossier. En outre, la commission particulière peut, après avoir sollicité l'avis du maître d'ouvrage, demander à la commission nationale d'ordonner une expertise complémentaire. Cette expertise est à la charge du maître d'ouvrage. Le débat public ne peut avoir une durée supérieure à quatre mois. Il peut, cependant, sur décision motivée de la commission nationale, être prolongé pour une durée maximum de deux mois lorsque la commission a recours à une expertise complémentaire.

Art. 7. Le président de la commission particulière prépare le compte rendu du déroulement de ce débat et le remet au président de la commission nationale qui en dresse le bilan, dans le délai de trois mois à l'issue du débat public. Le compte rendu et le bilan sont rendus publics par le président de la commission nationale. Le compte rendu et le bilan du débat public sont mis à disposition du commissaire enquêteur ou de la commission d'enquête par le maître d'ouvrage lors des enquêtes publiques prévues par les dispositions en vigueur.

Art. 8. Le maître d'ouvrage prend en charge les frais d'organisation et de déroulement du débat public décidés par la commission particulière, notamment ceux relatifs à l'élaboration et à la reproduction des documents mis à disposition du public, aux annonces dans les journaux, aux communications audiovisuelles et aux frais d'organisation des réunions publiques.

Art. 9. Pour l'accomplissement de leur mission le président et les membres des commissions particulières ont droit au remboursement, sur justificatifs, des frais qu'ils ont engagés ainsi qu'à une indemnité. Ces frais et indemnité sont à la charge du maître d'ouvrage. Un arrêté conjoint des ministres chargés de l'environnement, du budget et de la fonction publique précise la nature des frais à prendre en compte et les modalités de calcul de l'indemnité. Le président de la commission nationale fixe, dans chaque cas, le montant de l'indemnité allouée et, le cas échéant, de l'allocation provisionnelle accordée. Cette décision est notifiée au maître d'ouvrage et aux membres concernés des commissions particulières.

Art. 10. Le garde des Sceaux, ministre de la Justice, le ministre de l'Équipement, du Logement, des Transports et du Tourisme, le ministre de l'Intérieur, le ministre de l'Économie et des Finances, le ministre de l'Environnement, le ministre de l'Industrie, de la Poste et des Télécommunications, le ministre de l'Agriculture, de la Pêche et de l'Alimentation, le ministre de la Fonction publique, de la Réforme de l'État et de la Décentralisation et le ministre délégué au Budget, porte-parole du Gouvernement, sont chargés, chacun en ce qui le concerne, de l'exécution du présent décret, qui sera publié au *Journal officiel* de la République française.

ANNEXE

Un tableau des seuils définissant les grandes opérations d'aménagement est annexé au décret (*cf. JO* n° 110 du 11/05/96, pp. 7090 à 7093).

CHARTE DE LA CONCERTATION PROPOSÉE PAR LE MINISTÈRE DE L'ENVIRONNEMENT LE 10 JUILLET 1996

Préambule

Sur tous les projets qui touchent a l'urbanisme, à l'aménagement du territoire, à l'équipement des collectivités, à la préservation de l'environnement, la concertation est devenue nécessaire. Le besoin de concertation est un phénomène de société. La concertation constitue un enrichissement de la démocratie représentative par une démocratie plus participative et induit un changement des mentalités et des comportements. Ce changement de comportement découle également d'une prise de conscience des pouvoirs publics et des maîtres d'ouvrage.

La concertation, proposée par la présente charte, doit permettre d'améliorer significativement la participation du public à la conception des projets, y compris lorsque celle-ci est déjà prescrite par des dispositions législatives et réglementaires. Ainsi avant même la mise en œuvre des obligations réglementaires, le champ demeure libre pour initier une concertation qui procède d'une volonté délibérée des divers partenaires. La présente charte vise à exposer des règles simples pour réussir la concertation.

Les principes et recommandations énoncés ci-après ne sauraient se substituer au respect des procédures existantes et, notamment, à l'enquête publique régie par la loi du 12 juillet 1983, mais visent à en faciliter la mise en œuvre.

La charte de la concertation a pour objectif :

– de promouvoir la participation des citoyens aux projets qui les concernent, par l'information la plus complète, l'écoute de leurs attentes ou de leurs craintes, l'échange et le débat ;

– d'améliorer le contenu des projets et faciliter leur réalisation en y associant, dès l'origine, aux côtés du maître d'ouvrage, le plus grand nombre possible d'acteurs concernés ;

– de fournir aux différents partenaires les éléments d'un code de bonne conduite définissant l'esprit qui doit animer la concertation et les conditions nécessaires à son bon déroulement.

Les signataires de la présente charte s'engagent à en respecter les principes dans un esprit d'ouverture et d'écoute.

Article 1 : La concertation commence à l'amont du projet

La démarche de concertation doit commencer lorsqu'un projet est envisagé, sans qu'une décision formalisée soit nécessaire. Si un projet s'inscrit dans une logique d'ensemble, définie dans un schéma, un plan ou un programme, ce document doit également faire l'objet d'une concertation. Toutefois, cette dernière ne saurait limiter la concertation menée autour d'un projet ultérieur à un simple examen de ses modalités d'exécution.

Article 2. La concertation est aussi large que possible

La concertation doit associer tous ceux qui veulent y participer, notamment élus, associations et particuliers...

Elle ne se limite pas à la population riveraine du projet, mais s'étend à l'ensemble des populations concernées par ses impacts. Elle doit être menée de façon à susciter la participation la plus active possible.

Article 3. La concertation est mise en œuvre par les pouvoirs publics

La mise en œuvre de la concertation procède d'une volonté politique. Il incombe donc aux pouvoirs publics (élus, administrations) de veiller à sa mise en œuvre. Lorsque le maître d'ouvrage n'est pas une autorité publique, il lui faut alors tenir l'autorité compétente informée de son projet et définir avec celle-ci les modalités de la concertation.

Article 4. La concertation exige la transparence

Toutes les informations doivent être données aux partenaires de la concertation. Elles portent sur l'opportunité du projet, les options envisagées, les choix techniques et les sites susceptibles d'être concernés. Il convient d'indiquer, dès le début de la concertation, les étapes du processus décisionnel afin que le public sache à quel moment et par qui les décisions sont prises. L'information est complète, accessible aux non-spécialistes, permanente et contradictoire. Des possibilités d'expression sont mises à disposition des intéressés et, notamment, des associations. Il faut également que les documents qui ne font pas l'objet d'une large diffusion soient mis à disposition pour permettre une consultation et une utilisation efficace par les intéressés.

Article 5. La concertation favorise la participation

La concertation a, notamment, pour objet :
- de favoriser le débat ;
- d'échanger les arguments et de rapprocher les points de vue ;
- de favoriser la cohésion sociale ;
- d'améliorer les projets ou de faire émerger de nouvelles propositions.

Le maître d'ouvrage énonce, tout d'abord, les alternatives et les variantes qu'il a lui-même étudiées et les raisons pour lesquelles il a rejeté certaines d'entre elles. Le maître d'ouvrage réserve un accueil favorable aux demandes d'études complémentaires, dès lors qu'elles posent des questions pertinentes et s'engage, le cas échéant, à procéder à l'étude des solutions alternatives et des variantes.

Article 6. La concertation s'organise autour de temps forts

La concertation est un processus qui se poursuit jusqu'à la réalisation effective du projet et même au-delà si nécessaire. Il est souhaitable que les partenaires de la concertation se mettent d'accord sur un cheminement, marqué par des étapes ou des temps forts, chacun donnant lieu à un rapport intermédiaire.

1re phase : examen de l'opportunité du projet
– contexte global, enjeux socio-économiques ;
– options envisagées, choix technologiques, techniques, économiques ;
– conséquences prévisibles de l'opération sur l'environnement, sur l'économie et sur le mode de vie ;
– bilan coût-avantage.

2e phase : définition du projet
– examen des variantes ;
– demandes d'études complémentaires ;
– recherche d'éventuelles mesures compensatoires et de garanties de fonctionnement.

3e phase : réalisation du projet

Article 7.
La concertation nécessite souvent la présence d'un garant

Lorsque la présence d'un garant de la concertation se révèle opportune, sa désignation procède d'un consensus aussi large que possible. Le garant de la concertation est impartial et ne prend pas parti sur le fond du dossier. Il est désigné parmi des personnalités possédant des qualités intrinsèques : sens de l'intérêt général, éthique de l'indépendance, aptitude à la communication et à l'écoute. Il suit toutes les phases de la concertation et veille à la rédaction des rapports intermédiaires. Il rédige sa propre évaluation sur la manière dont la concertation a été menée.

Article 8.
La concertation est financée par le maître d'ouvrage

Ce coût comprend l'éventuelle indemnisation du garant. Il inclut également les frais engendrés par la mise à disposition des études, l'organisation de réunions publiques, l'information, le financement d'éventuelles contre-expertises ou d'études de variantes.

Article 9.
La concertation fait l'objet de bilans

Le rapport intermédiaire établi par le maître d'ouvrage à l'issue de la phase de définition du projet et, le cas échéant, l'évaluation de la concertation établie par le garant constituent le bilan de la concertation. Ce bilan est joint au dossier d'enquête publique, lorsqu'une telle enquête est prescrite. À l'issue de la phase de réalisation du projet, le maître d'ouvrage établit un bilan définitif, qui fait l'objet d'une large diffusion.

CODE DE L'URBANISME – LIVRE III : AMÉNAGEMENT FONCIER

Article L300-1

(Loi n° 85-729 du 18 juillet 1985 art. 1, *Journal Officiel* du 19 juillet 1985)

(Loi n° 96-987 du 14 novembre 1996 art. 17, *Journal Officiel* du 15 novembre 1996)

Les actions ou opérations d'aménagement ont pour objets de mettre en œuvre une politique locale de l'habitat, d'organiser le maintien, l'extension ou l'accueil des activités économiques, de favoriser le développement des loisirs et du tourisme, de réaliser des équipements collectifs, de lutter contre l'insalubrité, de permettre la restructuration urbaine, de sauvegarder ou de mettre en valeur le patrimoine bâti ou non bâti et les espaces naturels.

L'aménagement, au sens du présent code, désigne l'ensemble des actes des collectivités locales ou des établissements publics de coopération intercommunale qui visent, dans le cadre de leurs compétences, d'une part, à conduire ou à autoriser des actions ou des opérations définies dans l'alinéa précédent et, d'autre part, à assurer l'harmonisation de ces actions ou de ces opérations.

Article L300-2

(Loi n° 85-729 du 18 juillet 1985 art. 1, *Journal Officiel* du 19 juillet 1985)

(Loi n° 88-1202 du 30 décembre 1988 art. 57, *Journal Officiel* du 31 décembre 1988)

I. Le conseil municipal délibère sur les objectifs poursuivis et sur les modalités d'une concertation associant, pendant toute la durée de l'élaboration du projet, les habitants, les associations locales et les autres personnes concernées dont les représentants de la profession agricole, avant :

a) Toute modification ou révision du plan d'occupation des sols qui ouvre à l'urbanisation tout ou partie d'une zone d'urbanisation future ;

b) Toute création, à son initiative, d'une zone d'aménagement concerté ;

c) Toute opération d'aménagement réalisée par la commune ou pour son compte lorsque, par son importance ou sa nature, cette opération modifie de façon substantielle le cadre de vie ou l'activité économique de la commune et qu'elle n'est pas située dans un secteur qui a déjà fait l'objet de cette délibération au titre du a) ou du b) ci-dessus.

Un décret en Conseil d'État détermine les caractéristiques des opérations d'aménagement soumises aux obligations du présent alinéa. Les autorisations d'occuper ou d'utiliser le sol ne sont pas illégales du seul fait des vices susceptibles d'entacher cette délibération ou les modalités de son exécution.

À l'issue de cette concertation, le maire en présente le bilan devant le conseil municipal qui en délibère. Le dossier définitif du projet est alors arrêté par le conseil municipal et tenu à la disposition du public.

II. Lorsque la commune fait partie d'un établissement public de coopération intercommunale, auquel elle a délégué compétence pour conduire l'une des opérations mentionnées ci-dessus ou qui est compétent en cette matière de par la loi, cet établissement est tenu aux mêmes obligations qu'il exerce dans des conditions fixées en accord avec la commune.

III. Les autres personnes publiques ayant l'initiative d'opérations d'aménagement sont tenues aux mêmes obligations. Elles organisent la concertation dans des conditions fixées en accord avec la commune.

CODE GÉNÉRAL DES COLLECTIVITÉS TERRITORIALES (PARTIE LÉGISLATIVE)

IIE PARTIE – LA COMMUNE

LIVRE PREMIER : ORGANISATION DE LA COMMUNE

TITRE IV – INFORMATION ET PARTICIPATION DES HABITANTS

Chapitre II – De la participation des habitants à la vie locale

(Loi d'orientation n° 92-125 du 6 février 1992 relative à l'administration territoriale de la République, art. 21, *Journal Officiel* du 8 février 1992)

Art. L. 2142-1. Les électeurs de la commune peuvent être consultés sur les décisions que les autorités municipales sont appelées à prendre pour régler les affaires de la compétence de la commune. La consultation peut ne concerner que les électeurs d'une partie du territoire de la commune pour des affaires intéressant spécialement cette partie de la commune.

Art. L. 2142-2. Sur proposition du maire, ou sur demande écrite du tiers des membres du conseil municipal dans les communes de 3 500 habitants et plus, ou sur demande écrite de la majorité des membres du conseil municipal dans les communes de moins de 3 500 habitants, le conseil municipal délibère sur le principe et les modalités d'organisation de la consultation. Dans ce cas, l'urgence ne peut être invoquée.

La délibération qui décide la consultation indique expressément que cette consultation n'est qu'une demande d'avis.

Art. L. 2142-3. (Loi d'orientation n° 95-115 du 4 février 1995 pour l'aménagement et le développement du territoire, art. 85, *Journal Officiel* du 5 février 1995)

Un cinquième des électeurs inscrits sur les listes électorales peuvent saisir le conseil municipal en vue de l'organisation d'une consultation sur une opération d'aménagement relevant de la décision des autorités municipales.

Dans l'année, un électeur ne peut signer qu'une seule saisine tendant à l'organisation d'une consultation. Cette saisine du conseil municipal ne peut intervenir avant la fin de la deuxième année ni après la fin de la quatrième année suivant l'élection du conseil municipal de la commune concernée.

Le conseil municipal délibère sur le principe et les modalités d'organisation de cette consultation.

La délibération qui décide la consultation indique expressément que cette consultation n'est qu'une demande d'avis.

Art. L. 2142-4. Un dossier d'information sur l'objet de la consultation est mis à la disposition du public sur place à la mairie et, le cas échéant, à la mairie annexe quinze jours au moins avant le scrutin. L'accès du public au dossier est assuré dans les conditions fixées par l'article 4 de la loi n° 78-753 du 17 juillet 1978 portant diverses mesures d'amélioration des relations entre l'administration et le public.

Art. L. 2142-5. Après avoir pris connaissance du résultat de la consultation, le conseil municipal délibère dans les conditions prévues à l'article L. 121-12.

Art. L. 2142-6. Aucune consultation ne peut avoir lieu à partir du 1er janvier de l'année civile qui précède l'année du renouvellement général des conseils municipaux ni durant les campagnes électorales précédant les élections au suffrage universel direct ou indirect. Deux consultations portant sur un même objet ne peuvent intervenir dans un délai inférieur à deux ans.

Un délai d'un an doit s'écouler entre deux consultations.

Art. L. 2142-7. En cas de recours en annulation devant le tribunal administratif et, s'il y a lieu, en appel devant le Conseil d'État, aucune consultation ne peut avoir lieu tant que l'élection du conseil municipal n'a pas fait l'objet d'une décision devenue définitive.

Art. L. 2142-8. Un décret en Conseil d'État détermine les conditions d'application du présent chapitre.

V^e^ partie
La coopération intercommunale

Livre II
La coopération intercommunale

Titre IV – Établissements publics de coopération intercommunale

Chapitre premier
Dispositions communes

Section 9 : Information et participation des habitants

(article 43 de la Loi n° 99-586 du 12 juillet 1999 relative au renforcement et à la simplification de la coopération intercommunale, *Journal Officiel* du 13 juillet 1999, modifiant les articles insérés dans le Code des Communes par l'article 85 de la Loi d'orientation n° 95-115 du 4 février 1995, relative à l'aménagement et au développement du territoire, *Journal Officiel* du 5 février 1995)

Article L5211-49. Les électeurs des communes membres d'un établissement public de coopération intercommunale peuvent être consultés sur les décisions que l'organe délibérant ou le président de cet établissement sont appelés à prendre pour régler les affaires de la compétence de l'établissement en matière d'aménagement.

Sur proposition de l'ensemble des maires des communes membres, ou sur demande écrite de la moitié des membres de l'organe délibérant, l'assemblée délibérante de l'établissement délibère sur le principe et les modalités d'organisation de la consultation. Dans ce cas, l'urgence ne peut être invoquée.

Un cinquième des électeurs inscrits sur les listes électorales des communes membres de l'établissement public de coopération intercommunale peuvent saisir celui-ci en vue de l'organisation d'une consultation sur une opération d'aménagement relevant de sa décision. Dans l'année, tout électeur ne peut signer qu'une seule saisine tendant à l'organisation d'une consultation. L'assemblée délibérante de l'établissement délibère dans les conditions prévues à l'alinéa ci-dessus sur le principe et les modalités d'organisation de cette consultation.

La délibération qui décide la consultation indique expressément que cette consultation n'est qu'une demande d'avis.

Les dépenses afférentes à la consultation sont à la charge de l'établissement public de coopération intercommunale qui l'organise.

Article L5211-50. Un dossier d'information sur l'objet de la consultation est mis à la disposition du public sur place au siège dc l'établissement public de coopération intercommunale, dans chaque mairie et, le cas échéant, mairie annexe des communes membres de l'établissement public. L'accès du public au dossier est assuré dans les conditions fixées par l'article 4 de la loi n° 78-753 du 17 juillet 1978 portant diverses mesures d'amélioration des relations entre l'administration et le public et diverses dispositions d'ordre administratif, social et fiscal.

Article L5211-51. Après avoir pris connaissance du résultat de la consultation, l'organe délibérant de l'établissement public de coopération intercommunale délibère dans les conditions prévues aux articles L. 2121-20 et L. 2121-21.

Article L5211-52. Aucune consultation des électeurs des communes membres d'un établissement public de coopération intercommunale ne peut avoir lieu à partir du 1er janvier de l'année civile qui précède l'année du renouvellement général des conseils municipaux ni durant les campagnes électorales précédant les élections au suffrage universel direct ou indirect. Deux consultations portant sur un même objet ne peuvent intervenir dans un délai inférieur à deux ans. Un délai d'un an doit s'écouler entre deux consultations.

Article L5211-53. Lorsque la désignation des délégués à l'organe délibérant de l'établissement public de coopération intercommunale, ou du président de celui-ci, fait l'objet d'un recours contentieux devant le tribunal administratif et, s'il y a lieu, devant le Conseil d'État, aucune consultation ne peut avoir lieu tant que cette désignation n'a fait l'objet d'une décision devenue définitive.

Article L5211-54. Un décret en Conseil d'État détermine les conditions d'application de la présente section.

Collection **SYSTÈMES**

La collection « Systèmes » entend répondre au besoin de synthèse et de spécialisation des savoirs qui s'affirme aujourd'hui. Destinée aux étudiants mais également à un public plus large, elle présente des ouvrages clairs et concis, permettant aux lecteurs d'approfondir leurs connaissances sur des sujets tels que droit constitutionnel, droit administratif, droit des affaires, droit civil, droit social, économie, administration, finances publiques, fiscalité, finances locales, sociologie et philosophie juridiques, questions européennes et droit communautaire...

ALLIX D. : *Le droit pénal,* 2000.

BARILARI A. : *L'État de droit, réflexion sur les limites du juridisme,* 2000.

BARILARI A. : *Réussir vos dissertations,* 1995.

BIGAUT CH. : *Les cabinets ministériels,* 1997.

BIGAUT CH. : *La responsabilité pénale des hommes politiques,* 1996.

BLANC J. : *Les péréquations dans les finances locales,* 1996.

BLUMANN CL. : *La fonction législative communautaire,* 1995.

BOISSEAU J.-L. : *Stratégie et tactiques de la presse territoriale,* 1996.

BOURJOL M. : *La coopération intercommunale,* 1996.

BOUVIER M. : *Introduction au droit fiscal et à la théorie de l'impôt,* 3e éd., 2000.

BOUVIER M. : *Les finances locales,* 7e éd., 2001.

BREHON N.-J. : *Le budget de l'Europe,* 1997.

CABANIS A. et MARTIN J.-L. : *Histoire constitutionnelle et politique de la France de la Révolution à nos jours,* 2000.

CHAMBON F. et GASPON O. : *La déontologie administrative,* 1997.

CHEVALLIER J. : *Institutions politiques,* 1996.

CHIAVERINI PH., MARDESSON D. : *Tribunaux administratifs et cours administratives d'appel,* 1996.

COMMUNIER J.-M. : *Le droit communautaire des aides d'État,* 2000.

DU GRANRUT Cl. : *La citoyenneté européenne,* 1997.

DURAND V. et SALLÉ V. : *Introduction à l'analyse financière de l'entreprise,* 1997.

FIALAIRE J. : *Le droit des services publics locaux,* 1998.

GAUVIN A. : *La nouvelle gestion du risque financier,* 2000.

GOURION P.-A. et PEYRARD G. : *Droit du commerce international,* 2e éd.,1997.

GRÉGOIRE L. : *Le dépôt de bilan,* 1997.

GRYNFOGEL C. : *Droit communautaire de la concurrence,* 2e éd., 2000.

GUETTIER Ch. : *La responsabilité administrative,* 1996.

GUÉVEL D. : *Droit des affaires,* 1999.

GUGLIELMI G.-J. : *Introduction au droit des services publics,* 1994.

HAMON F. : *Le référendum. Étude comparative,* 1995.

HAMONIAUX T. : *L'intérêt général et le juge communautaire,* 2001.

HEYMANN-DOAT A. : *Libertés publiques et droits de l'homme,* 6e éd., 2000.

ISAIA H. : *L'évaluation des nouveaux contrats de plan Etat-Région (2000-2006)*, 1999.

JAN P. : *La procédure constitutionnelle*, 2001.

JOIN-LAMBERT CH. (sous la direction de) : *L'État moderne et l'administration*, 1994.

KHAYAT D. : *Le droit du surendettement des particuliers*, 1997.

LABIA P. ET BERNARD-GÉLABERT M.-C. : *Zones d'aménagement du territoire, Mode d'emploi*, 1997.

LABIE F. : *La fiscalité du sport*, 2000.

LACHAUME J.-F. : *L'administration communale*, 2e éd., 1997.

LAPOUBLE J.-C. : *Droit du sport*, 1999.

LAURENT PH. et BOYER B. : *La stratégie financière des collectivités locales*, 2e éd., 1997.

MAGNET J. : *Éléments de comptabilité publique*, 5e éd., 2001.

MAGNET J. : *Les comptables publics*, 2e éd., 1998.

MAGNET J. : *Les gestions de fait*, 2e éd., 2001.

MAISL H. : *Le droit des données publiques*, 1996.

MANESSE J. : *L'aménagement du territoire*, 1998.

MATT J.-L. : *La sécurité sociale : organisation et financement*, 2001.

MATTRET J.-B. : *L'analyse financière des communes*, 1997.

MIALON M.-F. : *Les pouvoirs de l'employeur*, 1996.

MIALON M.-F. : *Les relations collectives dans l'entreprise*, 1999.

MOLINIER J. : *Droit du contentieux européen*, 1996.

MOLINIER J. : *Droit du marché intérieur européen*, 1995.

MORAUD J.-CH. et PICQUENOT L. : *La nouvelle comptabilité des communes : un guide pour la M14*, 1996.

MULLER-QUOY I. : *Le droit des assemblées locales*, 2001.

ORSONI G. : *L'administration de l'économie*, 1995.

PELLET R., *Les finances sociales*, 2001.

PELLISSIER G. : *Le principe d'égalité en droit public*, 1996.

PERTEK J. : *Les avocats en Europe*, 2000.

PETIT Y. : *Droit international du maintien de la paix*, 2000.

POUSSIN PH. : *Histoire des idées économiques de Platon à Adam Smith*, 1994.

RANSAN N. et F. : *Les successions, aspects civils et fiscaux*, 2e éd., 1995.

RICHER D. : *Les droits du contribuable dans le contentieux fiscal*, 1997.

ROLIN E. : *Le conseil d'Etat, juge de l'extradition*, 1999.

ROUSSET M. : *L'action internationale des collectivités locales*, 1998.

ROUTIER R. : *La responsabilité du banquier*, 1997.

SAURON J.-L. : *Droit communautaire et décision nationale*, 1998.

SCHULTZ P. : *Éléments du droit des marchés publics*, 1996.

SOUSSE M. : *Droit public des contrats de construction*, 1998.

STIRN B. : *Les sources constitutionnelles du droit administratif*, 3e éd., 1999.

VALLEMONT S. (dir.) : *Le débat public : une réforme dans l'État*, 2001.

ZILLER J. : *Les « Dom-Tom »*, 3e éd., 2001.

Composition et mise en pages : Laser Graphie
N° éditeur : 3459
Dépôt légal : mars 2001

Impression et façonnage :
Corlet, Imprimeur, S.A.
14110 Condé-sur-Noireau
N° d'impression : 53346